「イヤな気持ち」を今すぐ捨てる方法

『PHPくらしラク〜る♪』編集部［編］

PHP

PHP くらしラク〜る♪ Special Book

「イヤな気持ち」を今すぐ捨てる方法

思い通りにならない相手にイライラしたり、
自分ばかりが損している気分になったり、
がんばらなきゃいけないのに、「もうイヤだ！」と投げ出したくなったり、
そんな自分に対して自己嫌悪に陥ったり……

「ネガティブな感情」はどうしようもなく押し寄せて、
私たちを困らせます。

ほんとうは毎日笑顔でいたいのに。
ほんとうはいつも前向きでいたいのに。

怒り、嫉妬、落ち込み、疲れ……

「イヤな気持ち」に陥ったとき、すばやくそれを手放すコツや、
「イヤな気持ち」がやってくる前に、
軽やかにそこから逃れる方法について紹介します。

キーワードは「自分を大切に！」。
元気で楽しい暮らし、今すぐ手に入れましょう。

写真：gracilis-works／PIXTA

PHP くらしラク～る♪ Special Book

「イヤな気持ち」を今すぐ捨てる方法

Contents

怒り・嫉妬・落ち込み
あなたを悩ます「イヤな感情」の正体は？　袰岩奈々……6

3つのケース別
気持ちを整理するコツ　石原加受子……12

コアラと学ぶ心理学講座
〝言いづらいこと〟をラクに伝えるテクニック　ポーポー・ポロダクション……16

ネガティブな感情を上手にコントロールする方法　大竹恵子……21

みるみるストレスが消える
「レコーディング・ノート」　有田秀穂……26

元気が出ないときにこそ！
自分で自分をホメるコツ　谷口祥子……31

もうちょっとだけラクをする
“ゆる家事”のすすめ　大沢早苗……37

育てて、見て、食べて楽しむ！
ハーブガーデニング　堺　美代子……44

インテリア&ファッションをプチチェンジ
暮らしの中に色彩心理学をとり入れよう　光岡さちこ……49

やましたひでこさんが教える
気持ちスッキリ　心の断捨離　やましたひでこ……55

ムリしていませんか？
心地よいおつきあいのヒント　吉沢深雪……61

ストレス解消はその日のうちに
「疲れが抜けない」からの脱出法　西多昌規……67

もっと楽しく、効率よくできる！
ムダなし時短家事のコツ　本多弘美……73

イライラとさようなら！
夫の心を上手に動かす話し方　伊東　明……79

とっておき
くつろぎお茶時間　めぐろみよ……85

毎日を笑顔で暮らすヒント
感情を整理する方法　有川真由美……89

本書は、『PHPくらしラク～る♪』2010年2月号、2011年6月号、2012年3月号、8月号、2013年10月号の記事を抜粋し、再編集したものです。

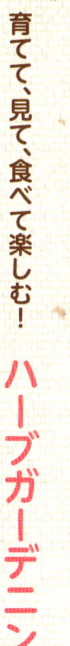

怒り・嫉妬・落ち込み

あなたを悩ます「イヤな感情」の正体は？

袰《ほろ》岩《いわ》奈《な》々《な》
（心理カウンセラー）

人づきあいでのイヤな気持ちは、好まない人とかかわらなくてはいけないという場合に、大きなストレスになります。

しかし、イヤな気持ちにも意味があるので、感じなくなればいいかというと、そういうわけではありません。イヤな気持ちは、「感じること自体がダメ」と受け取りやすいのですが、そのこと自体は自然なこと。大切なのは、感じないようにするのではなく、いかに脱出するかということです。そのためには、自分はどんな場面でどんな感情にとらわれやすいか、傾向を把握しておくことです。

まずは、自分が感じている気持ちに気づくことが初めの一歩。イヤな感情があることを認めた上で、脱出方法について考えてみましょう。

ほろいわなな●カウンセリングルーム・プリメイラ代表。企業・教育関係者を対象に、感情・コミュニケーションをテーマにした研修も実施。ハワイ在住。著書に『人づきあいの「黒感情」整理術』（PHP研究所）など。

あなたは どんなイヤな気持ちを 引きずりやすい？

チェック①〜③で、当てはまる項目が一番多いものが、あなたが人づきあいで抱きがちな感情です。

チェック1

- □「こうするべきだ」という考え方をするほう
- □せっかち
- □怒っているときに、実はエネルギーがわく
- □自分に対しても、周りに対しても批判的なほう
- □感情的になることがある

↓

「怒り」タイプ

「こうあるべき」という考えが強いので、自他に対して厳しい面が。期待がはずれるとがっかりし、怒りが出やすいです。

チェック2

- □周りと自分とを比較することが多い
- □人の成功を素直に喜べないほう
- □友だちの旅行に行った話などは、自慢話に聞こえる
- □友だちの持ちものや環境を羨《うらや》ましく思うことが多い
- □「私ってツイていない」と感じることがよくある

↓

「妬《ねた》み」タイプ

人と比べて足りないところに目が向きやすい傾向が。本当は欲しくないものでも手に入れたくなる面があります。

チェック3

- □自分のダメなところに目が向く
- □周りに気をつかうほう
- □みんながさぼっていても、キチンとやるほう
- □待ち合わせなどで、自分が先に着いていることが多い
- □人から言われたことがいつまでも気になるほう

↓

「落ち込み」タイプ

いろいろな点を最高レベルの人と比べて自分にダメだしし、自分にいいところがあっても認めない傾向があります。

イラスト：くらたにゆきこ

知って
ましたか?

イヤな気持ちに隠された あなたの深層心理

前頁《ページ》で紹介した3つの感情「怒り、妬み、落ち込み」は、どれも「そんなふうに感じる自分はダメだ」といったダメダメスパイラルに入りやすい感情です。イヤな気持ちが拡大再生産され、アリ地獄的状況にハマりやすいのです。脱出するには、自分がなぜそんな気持ちになるのか、隠された深層心理に気づくのが近道です。

「怒り」の深層心理　相手に期待している私

怒りは危険な感情とされがちです。それは頭の中が真っ白になったり、身体が震えてしまうなど、自分でコントロールしにくい面があるから。優しさと対極にあるイメージなので、避けたい感情かもしれません。

多くは、期待していたのと違っていたり、相手に大切にされていないと感じたときに引き起こされます。しかし、逆から考えると、自分の欲しいものに気づくヒントにもなります。怒りを感じたときには、自分が何を期待しているかに注目してみましょう。

期待していることが相手に伝わっていない場合は、お互いを傷つけないよう表現を工夫して伝える必要があります。

「妬み」の深層心理　欲しいものにこだわっている私

¥10000
本当に欲しいもの…

妬みや羨ましさは、他者との比較の中で生まれることが多いです。相手にはあって自分にはないというように、自分が今、手に入れられていないものに気づくときの心の動きです。

こうした感情も自分の欲しいものや、なりたいものに気づくきっかけになります。同時に、本当にそれを手に入れたいのかどうかも検討してみると面白いです。一時的に羨ましく思っているだけだったり、本当はそれほど欲しいわけではなかったりすることもあります。

妬みにとらわれて、過去の変えられない出来事にこだわり続けるのは危険。「それが欲しいんだなぁ」ぐらいにとどめて、過去の恨みの感情に引き込まれないように。

「落ち込み」の深層心理　自分自身を批判している私

理想の自分へ進化途中だから!!

怒りや妬みを感じるような状況では、落ち込みを感じる場合もあります。たとえば、イヤなことをされたときに「そんなことをされるほど私はダメなんだ」「これくらいのことで怒る自分がいけない」「羨ましがるなんて、自分が情けない」などです。

相手に対しての感情を自分に向けてしまったり、自分に対して批判的になったりして、落ち込みスパイラルに入りやすいでしょう。

このとき、「あるべき自分」から今の自分を見て批判していることが多いので、「最終的にはそこに到達しようとしていて、今はその途中」という視点を持ってみると、自分や周りの人との関係をあまり批判的にならずに見られるようになります。

「イヤな感情」を手放す方法

1 ゆっくりと深呼吸する

深呼吸すると落ち着くと言われていますが、深い呼吸は実は傷ついた心のメンテナンスにも力を発揮します。

応急処置として、イヤな気持ちを味わったときに深呼吸すると、感情に飲まれないですみます。また、時間をとってゆったり深呼吸をすることもおススメ。お腹《なか》にクッションをあてて呼吸をすると、しっかり腹式呼吸ができてスッキリします。

2 感情を認めて距離をおく

イヤな気持ちを感じると、自分は弱い、ダメだと否定的になったり、自動的に「私のことをわかってくれる人なんてだれもいない」といったように、超ネガティブな考えに乗っ取られ、人づきあいもぎくしゃくしかねません。

まずは、自分の感情を「ああ、そんなふうに感じてしまったんだな」と認めましょう。そしてそれらの感情を客観的に見つめ、少し距離をおくことが大切です。

子どもへのイライラには、「発展途上」と考える

子どもに対してイライラしてしまうのも、やるべき宿題をやっていないなど、親の期待通りでないことが原因。子どもは発展途上の段階にあると考えて見てみると、親自身のがっかり感が少し解消できるでしょう。

その上で、期待していることは怒りに流されず、はっきりと具体的に伝えることが必要です。

3 自分をいたわる

イヤな気持ちは、期待している自分やこだわっている自分などに気づかせてくれる、意味のあるものです。

しかし、イヤな気持ちを感じているときというのは、たいしたことではないと思いながらも、案外、傷ついています。ですから、自分への「いたわり」が必要です。「よしよし、大変だったね」「イヤだったけどがんばったんだよね」「残念だね」というような、いたわりの言葉を自分にかけてあげてください。

4 幸せのモトを持つ

自分をいたわった後は、気分転換ができるとイヤな気持ちを引きずらずにすみます。いわば自分流の幸せのモトを持つということ。大声で歌う、ぐっすり眠る、香りのいいお気に入りの入浴剤を使うなど、「これをすると幸せ」という何かを日頃から見つけておきましょう。

人に会うことが幸せな人もいれば、一人でいることが幸せな人もいるという違いがありますので、自分流を大切に。

感情自体に良い、悪いはありません。どの感情も「自分の今の状態」を知る大切な手がかりです。ですから、人づきあいの中でイヤな気持ちに出合ったら、自分にとって大事な情報に気づかせてくれる機会だと捉《とら》えてみてください。

本当はもっと大事にしてほしい、もっと違うことを期待しているなど、自分の「こうしたい」「こうありたい」を見つけるきっかけになるはずです。

イヤな気持ちは、上手に味方につけるようにしてみましょう。心地よい人間関係を築くためのヒントを得たら、後はスッキリとお別れしていってください。

3つのケース別

気持ちを整理するコツ

石原加受子《いしはらかずこ》
（心理カウンセラー）

頭の中が、「～しなければならない」という思いでいっぱいになっていればいるほど、心を整理するのはむずかしくなっていきます。なぜなら、「しなければならない」モードで整理しようとすると、心がそれに抵抗して、反動的にブレーキをかけるからです。心がブレーキをかけると、「しなければならない」と「したくない」が拮抗《きっこう》して、イライラや焦《あせ》りや不安もいっそう募《つの》っていきます。

そんなときは、いったん、それを手放しましょう。手放すには、自分に「私はそれをしたいんだろうか」と問うてみることです。そして、「したくなかったら、しない。したかったらする」というふうに、自分の気持ちや感情を基準にして決めましょう。

この決め方が、気持ちの整理をする上で重要なポイントです。自分の感情を基準にすると、いまの自分の状態を受け入れることができます。自分を受け入れてはじめて、心の整理がついていくのです。

いしはらかずこ●心理相談研究所オールイズワン代表。「自分中心心理学」を提唱している。著書に『「どうして私ばっかり」と思ったとき読む本』（PHP研究所）など多数ある。

CASE 1

時間がなくてイライラする

家事に仕事に忙しい毎日。自分の時間を持つためには？

「なかなか自分の時間が持てない」という人は、自分の都合よりも、相手の都合を優先していませんか。職場では、優れた社員と認めてもらいたいために、無理して仕事を引き受ける。何もしたくないぐらいに疲れていても、家族の食事や家事を優先してしまう。とりわけ相手が子供だと、良い母親を演じて、子供が「これ、手伝って」と言えば、自分のしていることを中断してでも、子供のために動く。

　こんなふうに、相手を優先して、相手のニーズを満たしてあげた後、残った時間を自分の時間にしようとしていないでしょうか。

　このように自分を無視したやり方では、いつもいつも、時間に追われて一日が終わってしまうだけで、いつになっても、自分の時間をつくることができないでしょう。

まず、「私自身を優先する」ことです。

　自分を優先するには、「最初に、私の時間を確保する」ことです。自分の時間を確保することに後ろめたさを覚える人は、尚更《なおさら》、自分の時間を確保することをレッスンしましょう。自分を優先することに罪悪感を覚える人は、他の場面でも、自分を粗末に扱っているかも知れません。ですから、「自分の時間を確保する」そのレッスンが、自分を愛するレッスンでもあると思うと、実行しやすくなるのではないでしょうか。

先に「自分のための時間」を確保する。

イラスト：青山京子

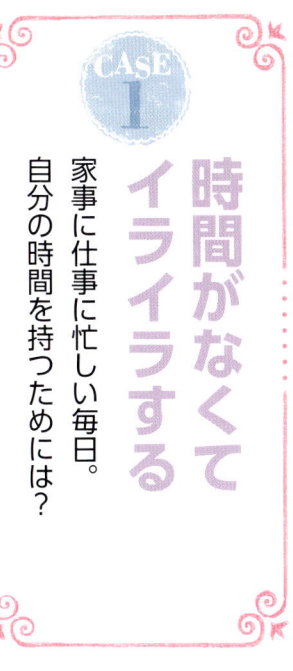

CASE 2

苦手な人間関係にあくせくする

職場や近所に苦手な人が……。人間関係がうまくいかないときには?

あなたはどんな人とも仲良くしなければならないと、思い込んでいませんか。

自分の気持ちをごまかして無理をしながら相手とつきあうと、的外《まとはず》れの返答をしたり、話題に窮《きゅう》したりして、かえってぎこちない関係になりがちです。

あなたがどんなに自分の気持ちを隠していても、相手はあなたが無理をしていると察知しているものです。あなたが相手に苦手意識を抱いているのと同様、相手のほうもあなたと一緒にいるときに苦痛を感じているかも知れません。お互いに、「苦手コール」を発信し合っているのです。

こんなとき、自分を抑えて相手との距離を縮めようとすると、二人とも辛《つら》くなるでしょう。ときには、そこからトラブルへと発展するかも知れません。こんな見方をすれば、「苦手」というのは、「相手と争いにならない」ためのサインと言えるのではないでしょうか。

あなたが「苦手」と感じる、自分のその感覚を信じましょう。そして、あなたが苦しくならない距離で、例えば、話したくないなら挨拶《あいさつ》だけにしてみる。職場では、仕事だけの関係と割り切って、業務に必要な話だけにするというふうに、「苦手」を相手との距離を測る目安とすれば、もっと楽なつきあい方ができるのではないでしょうか。

苦手な人とは無理に仲良くしない。

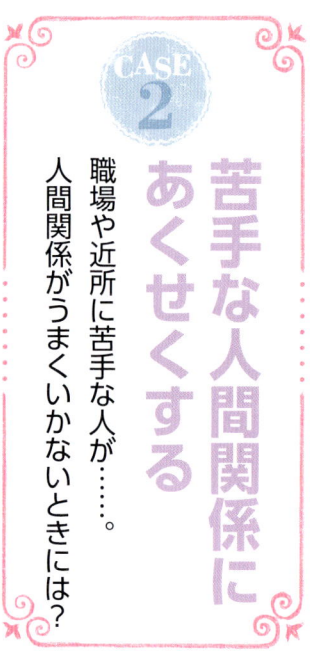

CASE 3

家事のモチベーションが上がらない

溜まっていく家事。億劫でやる気がでないときの対処法は？

家事をするのが億劫《おっくう》でやる気がでないのは、あなたが自分の気持ちや感情を大事にしていないからです。あなたがそんな気持ちになっているのは、ほんとうは「したくない」からではありませんか。にもかかわらず、あなたは自分の気持ちや感情を無視して、頭の中で「しなければならない。しなければならない」と繰り返しているに違いありません。

しかも、あなたはやる気がでないで実際に休んでいるとしたら、その最中にさえ、「しなければならないのに」と自分を責めています。横になっていながらも「怠けてはいけない。さぼってはいけない」と、休むことにすら罪悪感を覚えているでしょう。

こんな状態から脱出するには、「しなければならない」よりも、自分の気持ちや感情のほうを優先することです。つまり、「億劫で、やる気がでない」という気持ちのほうを優先して、「気持ちよく、しない」あるいは「気持ちよく、休む」ことです。

そうすることを〝心から認めて〟ゆっくりできれば、やる気も満ちてくるでしょう。

そうやって「私の気持ちや感情が願うこと」を叶《かな》えてあげたほうが、今週は掃除の回数を減らそう、今日はリビングだけ掃除しようなどと、自分が楽にできる範囲での、具体的な家事の仕方のアイデアも湧《わ》いてくるのです。

さぼるときは気持ちよくさぼる。

コアラと学ぶ心理学講座

“言いづらいこと”をラクに伝えるテクニック

ポーポー・ポロダクション
（心理学を得意とする企画プロダクション）

「頼まれたけど、どうしても断りたい」「相手の目に余る行動を注意したい」。そんな場面に出くわすことがたびたびあります。

ただし、これらのことはとても言いづらく、うまく伝えないと相手に誤解され、逆恨《さかうら》みをされることもあります。どう言おうか考えるだけでもストレスになってしまいます。

そこで、心理学の視点から、言いづらい場面別に使える「言い方」「対応方法」を紹介します。気弱なココロアラと共に学びましょう！

Before
口下手で、すぐに泣いちゃうココロアラですが……

After
心理学を知って伝え上手に。毎日ニコニコです。

ポーポー・ポロダクション●心理学の知識を活用した、楽しくてわかりやすい書籍やセミナーで人気。特に色彩心理の分野で定評がある。著書は『人間関係に活かす！ 使うための心理学』（PHP研究所）ほか多数。

SCENE 1

感じよく断りたい

ここがポイント！

イエス・バットの手法

最初に肯定的な言葉を言うことで、相手の気持ちを大事にしているという印象を与えることができる。

一緒にオレの部屋を掃除するぞ
お誘いありがとう でも…
よし
まだ言い終わってないんですが…

「ありがとう。ただせっかくですが……」

何かを頼まれた場合や誘われた場合、むげに断ると相手の気分を害してしまうのではないかと思い、断れずにそのまま受けてしまう人が多くいます。ところが、断るべきものは断らないと、ストレスとして蓄積してしまいます。では、どうやって断るのがいいのでしょう？

実は、断ったとしても相手との人間関係は悪化しないことが心理学の実験からわかっています。問題は「断ること」でなく、「断り方」なのです。

断るときは「イエス・バットの手法」と呼ばれる方法を使うのがおすすめです。

たとえば、誘われた場合、最初に「誘っていただいて嬉《うれ》しい」という肯定的な言葉で相手に感謝の気持ちを伝えます。そして、「せっかくのお誘いなのですが……」とソフトな言葉をはさみ、「体調が悪くて」「先約があって」などと理由をのべて断ります。相手はよい印象を最初に強く持つので、断られても気分を害しにくくなるのです。

イラスト：ポーポー・ポロダクション

SCENE 2 角《かど》を立てずに注意したい

不快なことをされ、誰かに注意したいとき、攻撃的な言い方をすると相手との人間関係が悪化することがあります。そのため、多くの人は我慢してしまう傾向にあります。日本人は自己主張をしない環境で育つため、大人になっても自己主張がうまくできない場合が多いのです。

では、どんな言い方をすればいいのでしょうか？

そんなときは「アサーション」という考え方が役に立ちます。これは、相手を尊重しながら自分の主張を伝えるコミュニケーション方法です。原因を提示し（行動）、結果を振り返り（影響）、そして自分の感情を伝えます（感情）。

たとえば、夫が靴下を脱ぎっぱなしにしているとき、「何度言ったらわかるの。いい加減にしてよ！」と感情的に怒るのではなく、「あなたがそこに靴下を脱ぎ捨てると（行動）、子どもたちがマネをしてしまう（影響）。私はとても悲しい気持ちになる（感情）」と伝えるのです。

「それをされると○○になるから困るのです」

ここがポイント！

アサーション

攻撃的にならず主張も我慢せず、自分も相手も大事にしながら、思ったことをしっかり伝える自己表現方法。

あっ
ゴミ捨てた
ポイ
君がゴミを捨てると
みんなが迷惑する…
けど…
それで
いいと思います

SCENE 3 上手に頼み事をしたい

頼み事というのも、なかなか言い出しづらいものです。お願いを相手にすんなりと伝えるにはどうしたらいいのでしょうか？

頼み事をするときは、言い方だけでなく、言う場所や言うタイミングも重要です。

頼みたいことがあるときには、食事をしながら伝えると、相手が依頼を好意的に解釈してくれ、すんなりと通りやすいことがわかっています。

食事は快楽や充実感をもたらします。人は快楽や充実感を共にする相手に好意を持ちやすいため、食事中にされた依頼については、「よく解釈しよう」という心理が働くのです。

頼む方法にも少々テクニックがあります。最初はわざと簡単な依頼をして、それを快諾《かいだく》してもらったら、「実は……」と難易度の高いお願いをします。一度依頼を受けてしまうと、難易度が少し高くなっても断りにくいという心理が働くため、少々難しいお願いも通りやすくなるのです。

「実はもう一つお願いが……」

ここがポイント！

ランチョン・テクニック

食事で充実感を共有した相手に依頼されると、その要求を受けやすくなる。政治家が料亭で使うテクニック。

食事をしながらの依頼は受け入れられやすい
実はお願いが…
それで、こうしてああして…
でもカニを食べてるときはダメかも…
何？

SCENE 4 交渉をしなくてはならない

「今週末までに決断していただけますか？」

頼み事をすることも難しいのですが、さらに高度な交渉をしなくてはならない場面もあるでしょう。

交渉事では自分にとって有利になることをしっかりと伝えなくてはいけませんが、「がめつい人」「ずるい人」と思われたくないという意識のせいで、なかなかストレートに言えないものです。

まず、交渉する場所にはスーツなどを着ていくこと。人は、「きちんとした服装の人は、言うこともまともである」という先入観を持ちます。そのため、スーツを着るだけで交渉が有利に進められます。言いづらいことが言いやすくなる効果もあります。

また、締め切りを設けると、交渉を有利に進められます。たとえば、飲食店の価格交渉では、「五千円の値引きを今週中に決めてくれるなら、三十人の予約をします」と持ちかけます。相手は、時間切れで利益がゼロになるぐらいなら、悪い条件でも受け入れようという心理が働くのです。

ここがポイント！

ハロー効果（光背効果）

スーツなどきちんとした服を着ていると、相手は信頼できる人だと思い込んでくれる。そのため交渉がしやすくなる。

そうか交渉には
服装かぁ…
どう？
うまく伝わる？
説得力ある？
ズボンを
はいてない人に
そう言われても…

ネガティブな感情を上手にコントロールする方法

大《おお》竹《たけ》恵《けい》子《こ》（関西学院大学文学部教授）

イライラ、クヨクヨ、不安……。日々の生活のなかで生まれるネガティブな気持ちとうまくつきあうための方法を、感情心理学から考えてみましょう。

おおたけけいこ●神戸女学院大学大学院博士後期課程修了。専門は健康心理学。ポジティブ感情が持つ機能に注目し、社会に貢献できる心理学を目指している。共著に『感情心理学・入門』（有斐閣アルマ）などがある。

感情とうまくつきあう3つのヒント

感情に振りまわされず、冷静に行動するためのコツとは？

1 ネガティブな感情も必要と考える

不安や怒りなどネガティブな感情は、できれば持ちたくないのが本音だと思います。でも、イヤな気持ちが生まれないようにするのは不可能で、実はネガティブな気持ちは、私たちが生きていく上で必要なものでもあります。

たとえば「恐れ」という感情は犬など他の動物にも存在します。この恐れに伴う「吠《ほ》える」「逃げる」といった行動は、危険から身を守るためには欠かせない行動です。もしあなたがPTAの役員を無理に任されたら、「どうしよう」ときっと思うでしょう。人が不安な気持ちになるのも、心と体の健康を維持し、自分を守るためなのです。

不安に思うのは、「子育てと両立できるかわからない」など、何か心に引っかかっていることがあるというサインです。その問題としっかり向き合い解決すれば、前向きに取り組む意欲が生まれます。

心の奥底にある問題としっかり向き合いましょう。

子どもは親に影響される

せっかちで怒りやすい親の子どもは似たような性格になりやすいという研究結果も出ており、思っている以上に、子どもは親の影響を受けます。

子どもの健やかな発達のためにも、自分の気持ちをコントロールすることは大切です。

2 感情を高ぶらせないようにする

子どもが隠していた悪い点数のテストを見つけて、思わず声を荒げてしまう……。似たような経験が、多くの方にあるはずです。感情の中には行動を抑えきれないほど強いものがあり、それを心理学では「情動」と言います。激しい怒りを感じると、「怒鳴《どな》る」「物にあたる」といった行動を取りやすく、こうした行動は後で自分を落ち込ませます。

イヤな気持ちを周囲にぶつけないためには、感情を高ぶらせないことが重要です。冷静でいられなくなったときは、怒りや落ち込みの原因となっている人や場所、物から一度離れるのが有効です。これを心理学では「ディストラクション」と言い、対象が見えなくなるだけで冷静さを取り戻せます。

また、物事を良いほうに考えるクセをつけることも、ネガティブな感情を鎮《しず》めるのに有効な方法です。悪い面ではなく良い面に、無理なことではなくできることに目を向ければ、自己嫌悪に陥《おちい》るような行動を取らなくなります。

自分が感情的になりやすいと思っている人は、まずはこの二つの方法を意識して取り入れてみてください。感情をコントロールする力は、日々の訓練によって身についていきます。

一旦距離を置き、良い面にも目を向けるようにしましょう。

楽しいことを増やす

人は嬉しい・楽しいといった感情を持つと、前向きな思考ができるようになります。暮らしの中に、やっていて「心地いいな」と思えることを意識して増やしましょう。

ポジティブな感情を持つ経験

例）クッキーを作ったら、うまく焼けた

↓

思考と行動範囲が広がる

例）可愛くラッピングして、明日、ママ友にあげよう

↓

行動が結果につながる

例）ママ友がすごく喜んでくれた

↓

成長、新たな挑戦

例）今度はケーキ作りに挑戦してみよう

イラスト：高橋湿枝

3 イヤな気持ちは うまく伝えていく

相手の言動に不快な気持ちになっても、平気なふりをしたり、「どうせ言ってもわからない」と相手に伝えることを疎《おろそ》かにしてはいないでしょうか。心当たりのある方は、それが積もって感情的になってしまう原因の一つと考えられます。

　自分では気持ちを切り替えたつもりでも、不快な気持ちは伝えなければ解消されず、どんどん溜《た》まっていきます。やがて限界がくると蓄積《ちくせき》された感情が爆発し、自分でも驚くほど些細《ささい》な出来事で、相手にきつくあたってしまうのです。感情をぶつけられたほうは、「なぜこんなことで」と理解できないため、互いの溝《みぞ》を深める原因にもなります。

　イヤな思いをしたら、その時々にきちんと伝えていかなくてはいけません。特に子育て世代は追われるようにして日々を過ごしているので、自分の気持ちを伝えるのを疎かにする傾向があります。表現に気をつけながら、イヤな気持ちはその都度《つど》伝えるように心がけましょう。

冷静に相手に伝え、溜め込まないようにしましょう。

イヤな気持ちは蓄積されて蘇る

　言わずにいて溜まってしまったネガティブな感情は、ふとした瞬間に蘇ります。言い合いになったときに、「いつも」「前も」というセリフが出ていたら、イヤな気持ちを溜め込んでいる証拠です。

「怒り」につながるイヤな経験

例）夫が靴下を脱ぎっぱなし

「怒り」感情を我慢・抑制

↓

消えずに残る

↓

再度イヤな経験

例）夫から何時に帰るか連絡がない

蓄積された「怒り」感情が蘇る

日々の中にある幸せに目を向ける

家事や育児は思うようにいかないことも多く、イライラが募るときもあるでしょう。感情とうまくつきあうためには、ネガティブな気持ちを早く手放すことも大事ですが、ポジティブな感情に目を向けるのも同じくらい重要です。**楽しいという思いが高まれば、イヤな気持ちが減少する**からです。

旅行に行ったり宝クジが当たったりと何か特別なことがなくても、日々の暮らしの中には、幸せな気持ちになれることがたくさん転がっています。「庭で育てている花がキレイに咲いた」「作った料理を家族が美味《おい》しいと言ってくれた」など、探せばたくさんあるはずです。そんな出来事を拾い上げて心の中に刻んでいけば、幸福感が高まっていきます。

そうやって少しずつ積み重ねていった幸福感を減らさないためには、**考えても解決できない問題については、意識して心の中から遠ざけることも必要です。**人生には、子どもの受験、夫の仕事、将来の年金など、自分にはどうしようもない問題があります。確かに気になりますが、その問題に心をとらわれていると、暗い気持ちでずっと暮らすことになってしまいます。

生きている限り良いことも悪いこともありますが、心のバランスを上手に取って、心が悪いほうに傾《かたむ》かないようにしていきましょう。そうすれば、一人で立ち向かわなくてはいけない出来事が起きても、心を強く持って乗り越えることができます。

みるみるストレスが消える「レコーディング・ノート」

有《あり》田《た》秀《ひで》穂《ほ》（東邦大学医学部名誉教授）

あなたの今のストレスをチェック！

これから紹介する「レコーディング（＝書く）」術を使って、少しずつストレスを減らしていきましょう。でもその前に、今、自分がどんなストレスを感じているか、右の例を参考に書き出してみてください。身体的ストレスと精神的ストレスに分けて書き込みます。

書き込んでみましょう！

身体的ストレス

（例）
- 肩こりがひどい
- なんとなく体がだるい

□個

精神的ストレス

（例）
- 仲の良かったママ友が引っ越して寂しい
- 姑に嫌みを言われ、ムカッとした

□個

ありたひでほ●東京大学医学部卒業。臨床に携わった後、脳生理学研究に取り組む。現在は「セロトニンDojo」の代表も務める。著書に『書くだけでストレスが消えるノート』（扶桑社）などがある。

「レコーディング」でストレスに強い心が手に入る!

皆さん、ストレスは消えないものと諦《あきら》めていませんか? もちろんストレス自体を完全になくすことはできません。けれども、ストレスによって感じる苦痛は「書く」ことで消せることがわかっています。その鍵《かぎ》を握るのが、「セロトニン」と呼ばれる脳内物質です。

セロトニンは脳全体のバランスを整え、感情や自律神経をコントロールする役割があります。このセロトニンを脳内でより多く作れるようになると、気分よく毎日を過ごせるようになり、ストレスも感じにくくなっていきます。

セロトニンを増やすための行動を私は「セロトニントレーニング」と名づけ、誰もがより簡単に、かつ確実に続けられるよう考え出したのが「レコーディング」という方法です。

書くと日々の行動がきちんと確認できるだけでなく、生活習慣や考え方のクセがわかってきます。自分を客観視できるようになるので、問題の改善策も見えやすくなります。ぜひこの「レコーディング」で、セロトニンを活性化させ、ストレスに負けない心と体を手に入れてください。

コラム ストレスを消す救世主「オキシトシン」

オキシトシンは、セロトニンと並んで、ストレス解消に役立つホルモン。他人とのふれあいによって分泌されることから、「幸せホルモン」や「愛情物質」とも呼ばれます。「人への親近感が増す」「幸福感をもたらす」といった働きがあるこのオキシトシンも、レコーディングで増やすことができます。

イラスト:福々ちえ

「レコーディング・ノート」の書き方

では、下の例を参考にしながら実際に書いてみましょう。記録するポイントは7つ。手帳に書き留めるなどして、最低3カ月毎日続けてみてください。

3 朝 運動
・家の近所をランニングした
・駅まで速足で15分歩いた

4 昼 グルーミング
・子どもをギュッと抱きしめた
・ママ友とドラマの話で盛り上がった

夜 運動
・家で簡単なヨガをした
・駅でエスカレーターを使わず、階段を使った

グルーミング
・娘と一緒に夕飯準備をした
・家族そろって夕食を食べた

5 親切にする
・夕食後に手づくりのデザートを用意した
・ランチの帰りに電車で席を譲った

6 パソコン・携帯の使用を控える
使用した時間 2 時間

7 ストレス対処メモ
ストレスの内容 ▶ ・ママ友がランチの待ち合わせ時間に30分遅れてきた
どう感じた？ ▶ ・お腹もすいてちょっとイライラ
どう対処した？ ▶ ・少し嫌みな言い方をしてしまった

1 8 月 2 日 土 曜日
天気 晴れ
気温 30 ℃
起床 6:30
就寝 23:00
太陽光を浴びた時間 1:30

2 【食事】
バナナ ✓
大豆製品 □
乳製品 ✓
卵 □
ナッツ・ごま □

1「太陽光を浴びた時間」を書く

起床と就寝時間に加え、今日1日でどれくらいの時間、太陽光を浴びたか記録します。太陽光を浴びるとセロトニン神経がオンになります。特に起床時、朝日を浴びることで、古いストレスが消え、新たなストレスに対処できるだけの心の態勢を整えてくれます。

昼間もストレスを感じたら意識して太陽光に当たりましょう。セロトニンが活性化され、ストレスがリセットされます。浴びる時間は一度につき、20～30分を目安にしてください。

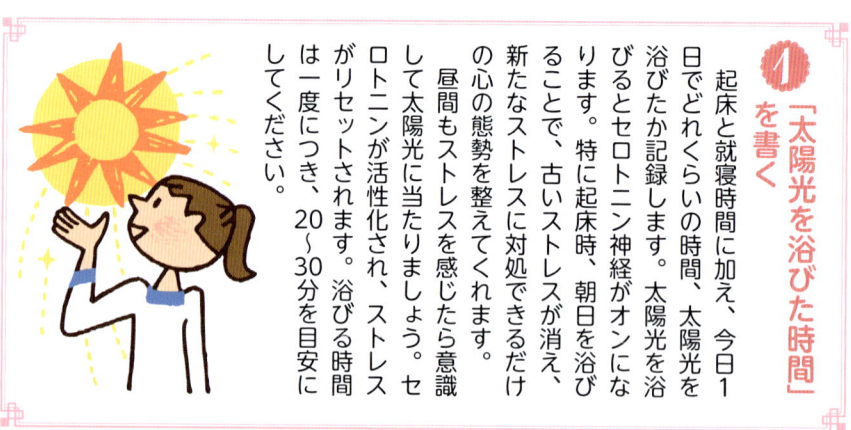

②「食事内容」をチェックする

セロトニンの元になる必須アミノ酸の一種「トリプトファン」がとれているか、その日食べたものをチェックします。「トリプトファン」は大豆製品や乳製品に多く含まれています。

また「トリプトファン」の他にも、「ビタミンB_6」「炭水化物」も必要です。これらをすべて含む便利な食材であるバナナは、朝食やおやつなどで積極的にとるようにしましょう。毎日の献立を考える時は、左の表を参考にして、3つの成分を含む食材を上手に組み合わせてみてください。

食材表

トリプトファン
豆腐・納豆などの大豆製品、牛乳・チーズなどの乳製品、ナッツ類、卵など

ビタミンB_6
玄米、魚、生姜、ニンニク、唐辛子、アボカドなど

炭水化物
米、パスタ・うどんなどの麺類、イモ類、果物

③「リズム運動」を記録する

シンプルなリズム運動もセロトニンの活性化におすすめです。エアロビクスなどの激しい動きではなく、ウォーキング、ジョギング、自転車といったリズムがあるものなら何でもOK。

大切なのは毎日同じ運動を最低5分以上、集中して行なうことです。時間は30分以内にとどめ、朝日を浴びられる午前中がベスト。どんなリズム運動をしたか記録しましょう。

④「グルーミング」の内容を書く

グルーミングとは、スキンシップのこと。今日どんなスキンシップをしたかを記録します。例えば、夫にマッサージをしたり、子どもと手をつないだりして、ふれあう機会が多ければ多いほど、セロトニンとオキシトシンが活性化し、心も安定します。

実は、楽しく食事やおしゃべりをして同じ空間、同じ時間を共有するだけでもグルーミングになります。できるだけ家族や友人と団《だん》欒《らん》の時間を持つようにしましょう。

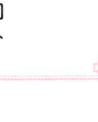

5 「人に親切にした」ことを書く

人に親切にしたり人の役に立つことも、セロトニンやオキシトシンを増やす効果があります。道端のゴミを拾う、電車で席を譲るなどはもちろんのこと、例えば、家事をする時に、家族の喜ぶ顔を思い浮かべながら行なうだけでも効果があります。誰かのためを思ってした親切行為をノートに記録しましょう。

小さな親切を繰り返すうちに、脳そのものが親切をする構造に変わっていき、セロトニンやオキシトシンが日頃から分泌されるようになっていきます。

6 「パソコン&携帯の使用時間」を書く

パソコンや携帯電話を長時間使うと脳が疲れるだけでなく、本来ならストレスを解消するために使われるセロトニンが、次々と入ってくる情報を処理するために使われてしまいます。やがて慢性的なセロトニン不足に陥《おちい》ってしまいます。

セロトニンが不足するとストレスが解消されないばかりか、睡眠不足に陥ることにもなります。1日にパソコンや携帯を使った時間を記録して、使い過ぎを抑止することが大切です。

7 「ストレス対処メモ」を書く

今日1日でストレスを感じた時の自分の感情や対処法を記録します。怒りや悲しみで感情的になっている時も、書くことで自分を客観視でき、やがて心も落ち着いてきます。自分なりのストレス対処法を見つける手がかりにもなるはずです。

さらに一歩進んで、辛《つら》い出来事も成長するための糧《かて》として捉《とら》えられるようになれば、ストレスの少ない毎日を送れるようになるでしょう。

元気が出ないときにこそ！

自分で自分をホメるコツ

谷《たに》口《ぐち》祥《よし》子《こ》（ほめ方の伝道師）

がんばってもうまくいかないとき、「私ってダメだな」と自分を責めていませんか？　そのクセは今日でやめにしましょう。

自分に否定的な言葉を向けると、心のエネルギーが減り、余計に物事がうまくいかなくなります。不調なときこそ自分を元気づけることが大切です。

自分を励ますのは簡単。今までとは逆に、自分をホメればいいのです。落ち込んでもできるだけ早く元気になるように、心の毒出しをしてエネルギーを充電するコツをぜひ身につけてください。

自分ホメのコツ

Point 1 声に出してホメる

ホメ言葉を心の中で思うだけでなく、口に出すことで効果がアップします。

Point 2 口角を上げる

心から笑えないときも、口角を上げて笑顔の形を。それだけで、心が明るくなります。

Point 3 優しい気持ちで

いつもがんばっている自分をいたわる気持ちを持って、優しく語りかけましょう。

たにぐちよしこ●コピーライター、コミュニケーションスキル講師を経てほめ方の伝道師に。「ほめ方の極意セミナー」を主宰し、講演や執筆活動で活躍している。著書に『口ベタでもうまくいく！　ほめ方の極意』（講談社）などがある。

ホメ言葉は自分に対しても効果あり

物事がうまくいっていると、周りの人からホメ言葉をもらう機会がたくさんあります。ホメられると自信が持てて、やる気がわいてきます。

問題は、ぱっとしない時期です。失敗が続いて元気が出ないときは、人からホメてもらえることもあまりありません。すると自分がイヤになり、一層元気を失ってしまいます。この悪循環を断ち切るため、自分を力づける方法を身につけることが大切です。

ポジティブな言葉がけで相手のやる気を引き出すように、自分で自分をホメるのも大きな効果があるのです。

"自分ホメ"の3STEP

"自分ホメ"で心を前向きにするためには、下のステップに沿って自分の心に働きかけます。まず今の自分を受け入れ、気分を切り換え、前向きな言葉を語りかけるのです。そうすると、気持ちがスッキリして気力がわいてきます。

1 ネガティブな感情を受け入れる

後ろ向きな感情も含めて、今の自分を認めます。「不安なんだね、わかったよ。よしよし」と、自分に言葉をかけましょう。

2 パワーアップスイッチON

手首などに、「自分をパワーアップさせるスイッチ」となる部分を決めておき、元気を出したいときにそっと触れます。

3 肯定的な言葉をかける

自分を励ます言葉や、不安が消えて明るい気持ちになれるような言葉を自分にかけてください。

さあ、やってみましょう！

Scene 1 落ち込んだときの“自分ホメ”

努力していても、落ち込むことは誰にでもあります。一旦気分が落ち込むと、考えがどんどんネガティブな方向へと傾《かたむ》き、気力がさらに失われてしまいがちです。

私にはホメるところなんてない、という気分になっても、視点を変えてホメることが大切です。そうすれば、心の落ち着きを取り戻し、悪循環を断ち切ることができます。

「『私ってダメ』と思ったんだね。わかったよ、よしよし」

➡ ネガティブな気持ちを受け止める

気持ちが暗くなってしまうのは自然なことです。前向きになれない自分を責めるのではなく、自分の感情を丸ごと受け入れることが元気を取り戻す第一歩です。

他にもこんな言葉が

「疲れて夕食を作りたくないんだね。わかった、わかった」

「私は大ざっぱだけど、大らかとも言える」

➡ 欠点をチャームポイントに

落ち込んでいるときほど、自分の短所が気になります。でも、欠点は見方を変えれば、長所にもなるのです。短所を長所として言い換える工夫をしてみましょう。

他にもこんな言葉が

「優柔不断な私は、柔軟性があるということ。だから人に合わせるのが苦にならない」

「片づけ下手だけど、去年よりは上手になった」

➡ 過去の自分と比べてホメる

ホメるところが見つけにくいときは、過去の自分を基準に考えてみて。今まで身につけた知恵や経験など、成長した部分が必ず見つかって、明るい気持ちになれます。

他にもこんな言葉が

「結婚前に比べると、やりくりがずっと上手になった」

「おせっかいをしちゃったけど、相手のためを思っていた」

➡ 失敗したら、意図をホメる

よかれと思ってしたことがうまくいかなかった場合は、意図を思い返して自分の善意をホメましょう。その後で、次はどんなやり方をすればうまくいくかを考えて。

他にもこんな言葉が

「贈り物が大げさすぎて相手を戸惑わせた。でも、祝う気持ちを伝えたかった」

イラスト：ナカニシ・マナティー

Scene 2 自分を好きになる“自分ホメ”

自分を好きでいることは、ハッピーな毎日を送るために欠かせません。

そのために大切なのは、いいところも悪いところも、ありのままに認める言葉を毎日自分にかけること。繰り返すことで、自分を信頼する気持ちが日々高まっていきます。

どんなときも自分にエールを送り、自分にとって一番頼れる“応援団”になりましょう。

「私のがんばりが、家族の笑顔のもと」

自分の“使命”を口にする

自分の存在が人のために役立っている。そのことを意識すると、自己評価が高まり、やる気もわいてきます。自分がどんな役割を果たしているか、考えてみてください。

他にもこんな言葉が 「私は我が家の3つ星シェフ」

「今日は片づけをしない」

「できない」でなく「しない」と言う

「できない」と言い続けていると、自分への評価が下がります。「できない」ではなく、「しない」という言葉を使いましょう。自己嫌悪から脱して、明るい気持ちで過ごせます。

他にもこんな言葉が 「今日は資格の勉強をしなかったな」

「料理上手って言われてうれしい」

ホメられたら素直に受け取る

ときには謙虚さも必要ですが、人からホメられたときは素直に喜んで。その言葉を繰り返し思い出し、口に出すと、効果的な“自分ホメ”になります。

他にもこんな言葉が 「センスがいいと言われた。もっとおしゃれをがんばろう」

「今日は新レシピに挑戦できた」

毎晩、1日を振り返ってホメる

寝る前に、「今日のよかったことチェック」をするよう習慣づけましょう。たとえ悪いことが多かった日でも、いい1日だったという充実感が高まって、自分が好きになります。

他にもこんな言葉が

「気になっていた写真整理ができた」

column カッコ悪い経験を話そう

本当に自分を好きになるには、カッコ悪い部分も受け入れることが大切。隠しておきたいみっともない経験を、あえて人に話す「自己開示」で、心がふっとラクになります。

Scene 3 やる気がアップする“自分ホメ”

心が弱り気味のときは、いつもの家事でも気力がわかず「面倒くさい」と感じるものです。何かに挑戦しようとしても「私にはできないかも」と逃げ腰になることもあります。

うまくいっているところを思い描き、肯定的な言葉で表現しましょう。ネガティブな気持ちを振り払って、やる気をアップすることができます。

「やせたら、あのスカートがはける！」

➡ がんばるメリットを考える

どうしてがんばるのかがわからないと、努力にも限界がきてしまいます。がんばった後にどんないいことが待っているか思い浮かべ、はっきりと言葉にして。気力が出て、前向きに取り組めます。

♥ 他にもこんな言葉が

「部屋を片づけたら、友達を家に呼べる」

「○○さんとなごやかに話せた！」

➡ 成功をイメージして言葉に

過去に失敗したことは、「またできないかも」と思いがち。成功したところを心の中でイメージして、「～できた」と過去形で口に出しましょう。言葉のパワーでやる気がわいてきます。

♥ 他にもこんな言葉が

「期日に間に合うように、仕事ができた」

「ほどほどに食べよう」

➡ 禁止メッセージを使わない

「食べすぎないようにしよう」といった否定的な言い方は、心によくない影響を与えることも。禁止の言葉を使わず、なりたい状態を肯定的に表現すると、目標に向かうパワーがわいてきます。

♥ 他にもこんな言葉が

「上手に買い物して節約しよう」

「私は段取り上手な主婦！」

➡ 私はデキる！ と宣言する

やるべきことがあるのに、「私にはできない」と思っていると、やる気がそがれます。「私には必要な能力がある」と力強く自分に宣言すると気力が充実し、行動的になれます。

♥ 他にもこんな言葉が

「私って、なんて素晴らしい行動力の持ち主」

〝自分ホメ〟で人づきあいもうまくいく！

〝自分ホメ〟をしていると、いつの間にか周りを元気づけるニコニコ人間に変身できて、人づきあいにもいい影響が出てきます。

自分に優しい人は、ホメ上手

〝自分ホメ〟で自分を認められるようになると、心に余裕ができます。そして不思議なことに、他人をホメる機会が増えます。

すると相手はあなたに好意を持ち、ホメ言葉を返してくれるように……。自然と心地よい人間関係が築けるようになるのです。

笑顔で周りが明るくなる

自分をいたわり、大切にすることで、笑顔でいる時間が増えます。その明るさは周りの人に伝染し、「この人といるとなんだか楽しいな」と思われるようになります。

周りの人との関係を変えたいと思うときは、まず〝自分ホメ〟で自分の笑顔を輝かせることから始めましょう。

誰でも、時にはもっと素敵な自分になりたいと願ったり、今よりもいい境遇《きょうぐう》を夢みたりします。でも、違う場所にある大きな幸せを求めても、なかなか幸せにはなれません。まずは今ある幸せに気づいて味わい感謝することが、今日より楽しい明日を迎えるための一番の近道です。

〝自分ホメ〟で自分をハッピーにすれば、今の環境をもっと愛せるようになります。その先には必ず、充実感のある毎日が待っているのです。

もうちょっとだけラクをする

“ゆる家事”のすすめ

家事が億劫《おっくう》になるときってありますよね。毎日のことだからこそ、家事は簡単に楽しくできるのが一番。面倒くさがりの私が試行錯誤の末にたどり着いた家事のアイデアを紹介します。

大《おお》沢《さわ》早《さ》苗《なえ》（スタイリスト）

おおさわさなえ●雑誌や書籍、広告などでスタイリストとして活躍。夫、長男、長女との４人暮らし。著書に『めんどうくさがりやのあなたが気持ちよく暮らす ゆる家事のコツ』（成美堂出版）がある。

完璧を目指さなくても大丈夫

スタイリストという職業柄、「料理も片づけも上手そう」と思われがちなのですが、決してそうではありません。独身時代は、遊びに来た友人が驚くほどの部屋のありさまで、料理もたまに作る程度。そんな私が結婚をし、子どもを産んで家事と子育て、仕事を両立しなくてはいけなくなったわけですから、毎日がもう戦闘状態です。

休日はたまった家事に丸ごと時間をとられ、「なぜ私ばかりが忙しいの?」と、イライラしたり泣きたくなったり。こんな休日はイヤだ！　そう思ったときに、「日頃から少しずつ掃除や片づけをすれば、家事漬けの休日から解放されるのではないか?」とひらめいたのです。

実際、「毎日のちょこちょこ掃除」を始めてみると、体力的にも精神的にもラクになりました。それをきっかけに、「どうすればもっと家事を簡単にできるか」ということを真剣に考えるようになったのです。

そうして生まれたのが、完璧《かんぺき》を目指さず楽しく家事をする〝ゆる家事〟です。このおかげで、家事に前向きに取り組めるようになり、自分や家族の時間を取り戻すこともできました。皆さんにも、そんな〝ゆる家事〟の魅力を伝えられたらと思います。

家事をラクに楽しくする3つのポイント

家事嫌いでも、気持ちよく暮らせる方法は必ずあります。それには人真似《まね》でない、自分流の方法を見つけることも大事。これが、私流の〝ゆる家事〟の極意です。

「5分だけ」「15分だけ」がんばる

仕事などで疲れた日は、家事をする気になれません。そこで思いついたのが、時間制限作戦。「5分だけ片づけよう」「15分だけ集中しておかずを1品作ろう」……。時間を区切ると、がんばりがききます。

1カ所だけ、きれいにする

家中きれいにするのは至難のワザ。でも、「ここだけは完璧」という場所が1つでもあると気分が違ってきます。私の場合はダイニング･キッチン。自分の元気スポットをきれいにすることが、私の寝る前の習慣です。

家事はこっそりやらない

一生懸命家事をこなしているのに、家族がその努力に気づかないとイライラ。だから私は、掃除も片づけも家族の前でしています。そうすれば、さりげなくがんばりをアピールでき、家族に家事の方法も伝えられます。

写真：高木あつ子

ムリなくできる家事の方法

やってもやってもキリがないのが家事です。それを「もっときれいに、もっときちんと」とハードルを上げると、自分で自分を追いつめることに。ですから、つらいときは「まっ、いいか」とつぶやき、ハードルをうんと下げます。

私は家事に〝絶対〟を作りません。「必ずする」ではなく、「できたらする」くらいのスタンスで取り組むと、気持ちが驚くほどラクになります。

料理

「パパッと作れておいしい」が、私の料理のモットーです。どうしても作れない日は潔《いさぎよ》く降参し、家族が文句を言わず喜ぶお惣菜でピンチを乗り切ります。

作り置きでもう１品

旬の野菜はまとめて安く購入し、ピクルスやみそ漬けに。だしをとった昆布は捨てずに冷凍しておき、佃煮にしています。

炊飯器でご飯もおかずも

お米の上に、昆布、鶏もも肉、ネギ、生姜をのせてスイッチオン。ご飯が炊きあがると同時に、メインおかずの蒸し鶏が完成。

★昆布もネギも刻んでつけ合わせに。

忙しい日の時短メニュー

刻み野菜と挽き肉、冷凍ひよこ豆で作る「キーマカレー」は煮込む手間なし。「鶏ももソテー」は、鶏肉と一緒に野菜をオーブンで焼くだけ。

洗濯

育ち盛りの子どもがいるので、毎日洗濯物がいっぱい。基本的に細かい分別はせず、洗濯機にまとめてポン。気になるシワは、干す前のひと手間で解決です。

乾いた洗濯物は各自のカゴへ

洗濯物は畳んで家族ごとのカゴに入れ、各自運んでもらいます。裏返しの衣類はそのまま畳み、自己責任に。

★室内干し用の洗濯バサミは編み袋に。使うときは片側のもち手を外します。

仕分けしながら軽く畳む

取り出すときに、ハンガーがけのものとピンチがけのものを分類。その際、ふりさばきながら軽く畳めば大きなシワがとれます。

普段着は洗える衣類に

自宅で気軽に洗える服だと、クリーニングに行く手間が省けます。家にいるときは、動きやすいコーディネートが基本。

★上からサッとカーディガンを羽織るだけで、おしゃれな外出着に変身。

★やることが多い日は、袖や裾がまくりやすいものにし、明るい色の服でやる気をチャージ。

アイロンがけを手早く

「アイロンミトン」を使えば、ハンガーにかけたままアイロンがけが可能。襟、肩、袖口さえピシッとしていれば多少のシワはOK。

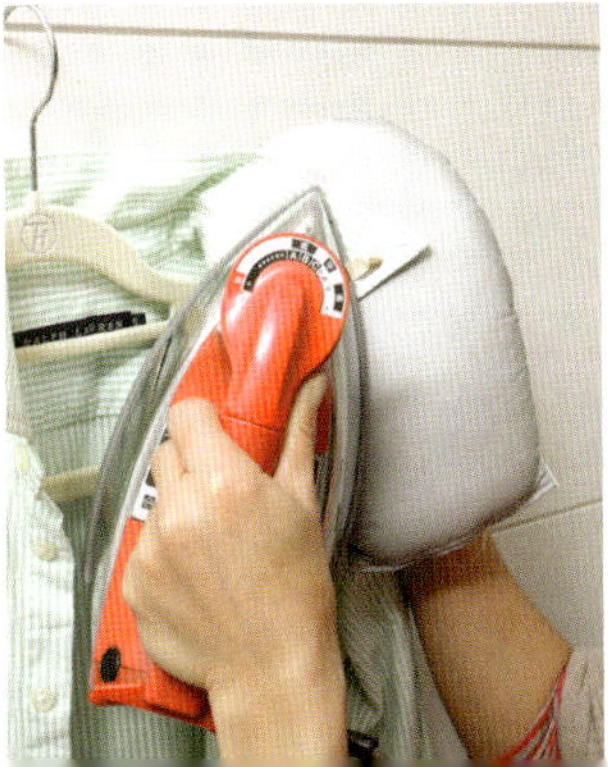

Kitchen

汚れがたまりやすい場所だからこそ、毎日のちょこちょこ掃除が威力を発揮。キッチンが清潔だと料理のやる気もアップ。

余ったお湯を使って消毒

沸かしたお湯が余ったら、スポンジやまな板にかけてサッと消毒。お湯もムダにならず一石二鳥です。

掃除＆片づけ

特に苦手なのが掃除と片づけ。そこで、カーテンやカーペットなどホコリの原因となる繊維類を極力置かないようにしたら、掃除がラクに。収納は片づけやすいようにひと工夫。

汚れたらすぐに拭く

油などの汚れは時間をおかずにフキンでひと拭き。使ったあとのフキンは、洗濯機でまとめて洗います。

★フキンは可愛いワイヤーカゴに入れて、出したまま収納。

コンロまわりは毎日掃除

五徳は汚れがこびりつくと掃除が大変。1日の終わりにきれいにしておくと、大掃除の必要もなし。

★キッチン掃除には、気軽に使える酢と重曹スプレーが大活躍。

食器は仕切った引き出しに

引き出しを適度に仕切っておくと、使いたいものが簡単に取り出せ、使用後もすぐに戻せます。

Living

家族が集まるリビングは、散らかりやすい場所です。ざっくり収納で、目指すのはパッと見きれいな空間。

扉をうまく利用して

子どもの電話連絡表などは扉裏に貼って、部屋のすっきり感をキープ。ＢＯＸにはラベルをつけてわかりやすく。

お手製はたきで掃除

ブラインドに「パンパン」とはたきをかけるのが、ストレス解消法の1つ。掛けておいてもおしゃれです。

★可愛い形の木の枝に、好きな古布を細く切って巻きつけるだけ。

床にものを置かない

ものが床にあると雑多な雰囲気になり、掃除のたびに片づけるはめに。ものがないと床掃除もスムーズ。

避難スペースを作っておく

突然の来客や忙しくて片づけられないときのために、ササッとしまえるスペースを確保。

育てて、見て、食べて楽しむ！

ハーブガーデニング

堺《さかい》 美《み》代《よ》子《こ》（グリーンエコロジスト）

料理の味を引き立てるハーブは、忙しい主婦の強い味方。せっかくなら自宅で育ててみませんか？　摘みたては味も香りもとてもよく、料理をぐっとおいしくします。家庭での食育にも役立ちます。

さかいみよこ●地球と子どもたちの未来のために、ハーブを通じた食育活動に取り組み、食育ハーブガーデン協会（http://herb-g.jp/）副理事を務める。自然栽培の野菜で自給自足生活を実践中。

Herb Gardening

植える

ハーブは、丈夫なので手軽に育てられます。同じ形の葉が隣に並ばないように寄せ植えすると、バランスがよいです。

今回は花を組み合わせていますが、トマトなどの野菜と合わせるのもオススメ。ハーブは摘めば摘むほど成長するので、どんどん使いましょう。

1 プランターの穴にネットを敷き、鉢底石を１センチ程度入れる。

2 花の土と観葉植物の土を２：１の割合で混ぜ、苗の高さ分を残して①に入れる。

3 苗をポットから出し根を軽くほぐし、苗同士の間隔をあけて土の上に置く。

4 苗と苗の隙間に土を入れて埋め、苗の周りを中心に強めに押さえる。

用意するもの

- 苗
（ポット入りハーブと花）
- プランター
- 鉢底石
- 花の土
- 観葉植物の土
- ネット

育て方 ここに気をつけよう！

水やり

土が十分乾いたら、葉を持ちあげ根元からたっぷり水を与えます。手でふれることで香りが広がり癒されます。

剪定

葉が密生すると、蒸れて虫や病気が発生する原因に。こまめな剪定が必要ですが、切る場所を間違えると上手に育たないので要注意。

＊イタリアンパセリ

残った茎に余分な栄養をとられないよう、根元からカット。

＊タイム

どんどん脇芽が出るので、混み合っているところを下の方でカット。

Herb Gardening

見る

見た目は地味ですが、何にでも合わせられるのがハーブの持ち味。鉢やプランターにこだわったり、素敵な雑貨をプラスすると見て楽しめます。

花や野菜と一緒に育てると、かわいさ倍増！　癒し空間が広がります。

花との色合わせを考える

ハーブのグリーンだけではちょっとさびしいという時は、好みの花をプラスして。鮮やかな色を選ぶと、お互いが引き立ちます。

手作りピックでアクセント

自然素材がしっくり馴染むハーブ。木の枝を適当な長さにカットして皮の一部をナイフで剥ぎます。アクリル絵の具で名前を書けば、ピックの完成。

雑貨を使って遊び心をプラス

ハーブと一緒にお気に入りの雑貨を飾ると、アクセントになって全体がひきしまります。見た目がかわいくなるだけでなく、和み効果もアップ！

こんなふうに楽しもう！

写真に撮ってインテリアに

摘んだハーブをおしゃれに撮影し、フレームに入れればインテリアとして長く楽しめます。子どもも一緒にできますよ！

レンジで簡単ドライハーブ作り

電子レンジなら、短時間で色鮮やかなドライハーブができます。キッチンペーパーにカットしたハーブを並べ、レンジで1分加熱します。様子を見ながら30秒ずつ追加加熱し、乾燥したものから順次取り出します。

写真：猪口公一

レンガを部分敷き

プランター周辺にレンガを敷けば、無機質な庭やベランダも素敵な雰囲気に。夏場の熱対策としても有効です。

高低差をつける

プランターや鉢は移動が自在。大きさを変えたり重ねたりして高低差をつけ、立体感を出すと見栄えがよくなります。

キッチンでプチガーデン

よく使うハーブはポットに植えて、キッチンの明るい場所に置いておくと、おしゃれでしかも便利。時々外に出して日光に当てましょう。

Herb Gardening

食べる

ハーブはどんなふうに料理に使えばいいのか分からない、という人も多いですが、難しい決まりはありません。

たとえば我が家では、冷奴にバジルをのせて頂きます。いろいろ試して自分流を見つけてください。ここでは簡単にできる2品をご紹介します。

ハーブチキンのサルサソース添え

シンプルな料理にハーブを加えてごちそうに。

材料(2人分)

鶏胸肉 …… 1枚
塩・コショウ …… 各少々

A
- レモン汁 …… 大さじ2
- オリーブオイル …… 大さじ3
- ハーブ（ローズマリー、タイムなど） …… 適量

サルサソース

B
- トマト …… 小1個
- 玉ねぎ …… 1/8個
- にんにく …… 1片

C
- チリソース …… 小さじ2
- オリーブオイル …… 大さじ1
- レモン汁 …… 小さじ2
- 塩・コショウ …… 各少々
- タバスコ® …… 少々

作り方

1. ポリ袋に塩・コショウした鶏胸肉とAを入れ、もみこみ1時間マリネし、魚焼きグリルで約10分焼く。
2. Bのトマトと玉ねぎを1cm角のざく切り、にんにくはみじん切りにし、ボウルに入れ、Cと混ぜる。
3. ①に②をかけ、好みでハーブをのせて頂く。

ハーブを飾る

レモン水にミントを加えたミントティー。見た目に涼しげで暑い季節にピッタリです。ハーブは仕上げの飾りとしても大活躍。お弁当や料理にもどんどん活用してください。

手作りリコッタチーズ

ハーブの味と香りでやめられないおいしさ。

材料(作りやすい分量)

A
- 牛乳 …… 500cc
- 生クリーム …… 100cc
- ヨーグルト …… 100g
- 塩 …… 小さじ1/4
- レモン汁 …… 大さじ1/2

ハーブ（タイム、パセリなどのみじん切り） …… 大さじ2
塩・コショウ …… 各少々

作り方

1. 鍋にAを入れて強火で熱しながらよく混ぜ、分離してきたら火を止める。
2. ざるに布巾を敷いて①を入れて漉し、そのまま冷やす。
3. ボウルに②とハーブ、塩・コショウを入れ、混ぜる。

●お好みでトーストなどにのせて頂く。

料理制作・監修／キッチンカンバセーション（田中愛子・山本知里）

インテリア&ファッションをプチチェンジ

暮らしの中に色彩心理学をとり入れよう

光《みつ》岡《おか》さちこ（カラーセラピスト）

チェックしてみよう！

あなたの抱えるストレスは？

Question

　歩いていたら急に雨が降ってきたので傘をさそうと思います。あなたのさしたい傘は何色ですか？　イメージに一番近い色を次から選んでください。

- 赤 Red
- オレンジ Orange
- 黄色 Yellow
- 緑 Green
- 水色 Light Blue
- 茶色 Brown

診断は50ページへ

みつおかさちこ●アメリカの色彩心理学者との出会いから、独自の色彩学を確立。講演、カウンセリングなどを通じて、色を手がかりに自分らしく生きる方法を提案する。著書に『心と体を輝かせる16の幸せカラー』（実業之日本社）がある。

チェックでわかった！
あなたのストレス&癒しカラー

49ページで傘の色として何色を選んだかで、あなたの直面しているストレスと、今見ると癒される色がわかります。

赤 を選んだ人は

身近な人の言動に心が乱されています。「私は私」と自分に言い聞かせましょう。

お助けカラー **ターコイズブルー**

オレンジ を選んだ人は

忙しすぎて心身ともに消耗しています。「そのうち」と思わず、すぐに休息を取りましょう。

お助けカラー **緑**

黄色 を選んだ人は

人間関係にトラブルあり。“自分大好きな人”とは距離を置くと平和が取り戻せます。

お助けカラー **黄緑色**

緑 を選んだ人は

進むべき道が見えず、迷って動けない状態。今いる環境を少し変えてみて。

お助けカラー **黄色**

水色 を選んだ人は

暮らしに刺激がなく、波風のなさがかえってストレスに。体を動かしてリフレッシュ！

お助けカラー **赤**

茶色 を選んだ人は

細かい仕事が蓄積されてうんざり。音楽、美術など、アートに触れると、元気が復活。

お助けカラー **ピンク**

どうして色で元気になるの？

色には、心を活性化させるさまざまなチカラがあります。

ありのままの自分がわかる

日によって着たい服の色が違うように、惹《ひ》かれる色は心の状態によって変わります。選んだ色から自分の心の状態を知ることが、気持ちの安定につながります。

落ち込みから脱出できる

きれいな青空を見てほっとしたり、緑の森に入ってリラックスしたり。そんな癒《いや》しパワーを持つ色に親しむと、疲れから復活。オレンジなど元気を呼ぶ色を取り入れる方法も。

キレイになって自信アップ！

自分の魅力を最大限に引き出す色を探り当てて装えば、肌の透明感が増して美人度がアップ！　自信がつき、ハッピーな気分になれます。

なりたい自分に近づける

「もっと自分をアピールしたいから身近に黄色を取り入れよう」など、色の特質を利用して自分のイメージを変えることができ、前向きになれます。

私たちの暮らしの中には心身を消耗させることがたくさんあります。心の疲れを溜《た》め込まないように、ストレスを発散することが大切です。

とはいえ、落ち込むたびに買い物やエステでパーッと気晴らし、というわけにもいきません。そこでおすすめしたいのが、毎日の暮らしの中で、色のチカラを借りることです。

色にストレス解消効果があるというと意外に思われるかもしれませんが、みなさんは真っ赤な夕焼けを見て元気になったり、ピンクの薔薇《ばら》の花束に心が和んだりした経験があると思います。これは目を通して脳に伝えられた色が快さとして認知されるためです。色の刺激は自律神経を通じて体の調子も整えてくれます。

このように、色には心身の疲労を回復させたり、新しいエネルギーを呼び込む力があります。そのチカラは、上に示したようにさまざまな面から働きかけ、元気にしてくれるのです。

イラスト：絹

ストレスに効く部屋をつくる

忙しい毎日、ちょっと疲れたからといって、落ち込んではいられません。そこで、手軽にできる心のケアとして、インテリアとファッションの色をちょっと変えてみましょう。色彩心理の視点から見て、ストレスをやわらげるのに役立つ色をご紹介します。

心を安らがせるには、自分の好きな色を使うのもいいのですが、ふだん使わない色にチャレンジすることも大切です。というのも、似たような色ばかりに親しむ〝偏色《へんしょく》〟は避けたほうがよいからです。食べ物は気をつけてバランスよく食べる人も、身につける色の偏《かた》りは見過ごしがちです。栄養バランスが偏ると体調が崩れるように、同じ色ばかりの中にいると心のバランスも偏って、余分なストレスを招きかねません。

ストレスに効く色を今すぐ身の周りに取り入れて、元気な心を作りましょう。

インテリアでリフレッシュ

家は多くの人にとって一日のうちもっとも長い時間を過ごす場所。ですから、インテリアに使う色は心に強く影響を与えます。特にリビングとダイニングは心がオープンになる部屋であり、家族が一日の疲れを癒すカギでもあります。家時間で心の疲れを解消できるように、インテリアの色にこだわってみましょう。

カーテンで心を落ち着かせる

心の沈静効果がある青や水色、緑を面積の大きなカーテンに使いましょう。部屋にいるだけで深くリラックスすることができます。

インテリア小物でパワーアップ

元気になりたいときは、赤いキャンドルホルダーや黄色い写真立てなど、刺激的な色のインテリア小物を取り入れるのが効果的です。

ランチョンマットで楽しい食卓

緑色やオレンジ色をランチョンマットに使うと、食欲がアップ。楽しく食事ができて、心身ともにエネルギーが満ちてきます。

クッションカバーで会話が弾む

楽しい会話で元気を回復するには、陽気さ、好奇心を表現するオレンジを使うのがおすすめ。コミュニケーション力がアップします。

ラグで安心感を

部屋の広い部分を占めるラグはベージュや薄い茶色のものを選んで。肌の色に似た色に包まれると、気持ちがスーッと落ち着きます。

バスルームの癒しパワーをアップ！

バスルームは究極のリラクゼーションスペース。疲れをやわらげ、気持ちをリフレッシュさせる青、緑、ピンクがおすすめ。湯桶や入浴剤にこれらの色を使うと、優しさに包まれる気分。心のこわばりがすっと抜けていきます。

ファッションで元気になる

服の色は体にもっとも近い部分にあり、着ている間ずっと目に入ります。それだけに、自分の心への影響が大。気持ちへの影響を意識して服を選んでください。

家では心を落ち着かせる色、外出するときは楽しい気分を高めてくれる色……といったように使い分けるのもよい方法です。心の状態をシチュエーションに合わせて上手に整えられます。

家にいるとき

ピンクで優しい気分に

ピンクには、「早く宿題しなさい！」などとイラつく気持ちを抑える効果があります。

シルバーを使うと、ゆったりと優雅な気分に。

ちょっぴり黄色で、落ち着きの中に前向きな気持ちを加えて。

茶系色が醸し出す安心感

茶系の色を見ると落ち着いた気持ちになれます。心が不安定なときには特に、薄い茶色やベージュの服がおすすめです。

お出かけのとき

オレンジで楽しさアップ

オレンジは気持ちが明るく、積極的になる色。コミュニケーション上でも役立つので、人と出かけるときにもおすすめ。

柔軟性を示すグレイで予期せぬできごとにも落ち着いて対応できます。

ブルー系で冷静さをプラス

オレンジを着ていると、心がヒートアップします。ブルー系の色を組み合わせて冷静さもキープし、最後まで楽しいお出かけに。

自由の象徴である白を使うと、心を日常から解き放ちやすくなります。

似合う色の選び方

服を選ぶときは、試着室で鏡にぐっと接近！　目に注目してください。白目が濁《にご》っているように感じたら、老けて見えるのでその色は避けましょう。瞳がキラキラと輝いて見える色の服が、あなたの魅力を最大限に引き出す服です。

やましたひでこさんが教える

“不安”は整理して捨てよう

気持ちスッキリ

心の断捨離

やましたひでこ（クラターコンサルタント）

モノとの関係を見直すことで、自分にとって不要・不適・不快なモノを手放していく「断捨離」。断捨離をすると、快適な空間とごきげんな暮らしが生まれ、生き方も変わります。

断捨離はモノだけでなく、心に住みつくストレスのもとである不安も手放すことができます。心の断捨離で気持ちをスッキリ整理しましょう。

やましたひでこ●大学在学中に入門したヨガ道場で、心の執着を手放す行法哲学「断行・捨行・離行」に出合う。現在は、住まいと心のガラクタを取り除くセミナーを全国で実施。著書に『新・片づけ術「断捨離」』（マガジンハウス）他多数。

自分を「俯瞰して」見てみると、不安が整理されていく

新しいママ友とうまくやっていけるかしら」「貯金がなくて老後の生活が心配」……。私たちは人間関係や仕事、お金や健康のことなど、多くの不安を抱えて生きています。この不安からは、生きている限り完全に解放されることはありません。しかし、不安に振り回されずに生きることはできます。

実はストレスを常に感じている状態というのは、不快な感情に自らが執《しゅう》着《ちゃく》していることです。不要、不適、不快なモノを捨てられず、モノがあふれた空間で暮らしているのと同じ状態です。

モノとの関係を見直す断捨離でモノに支配されていた自分を解き放つように、考え方のクセを見直すことでストレスとなる不安から自由になることは可能です。その時に大切なのが、「俯《ふ》瞰力《かんりょく》」です。これは、空を飛ぶ鳥のような高い視点から物事や自分自身を客観的に見る力のこと。広い視野を持てれば、目先のこまごまとした問題にとらわれず、冷静な視点で物事を判断することができます。

今回は、断捨離の考え方のなかでも俯瞰力を身につけるのに有効な「3分類の法則」を紹介します。最初は少し難しいかもしれませんが、トレーニングすれば不安は整理されていき、気持ちがスッキリしてきます。

イラスト：ナカムラヒロユキ

モヤモヤが鎮まる

「俯瞰力」がつく3分類の法則

心に散在した不安は、「大・中・小」の3つに分類します。書き出すことで俯瞰力が磨かれていきます。

1 不安をグループ化していく

たくさんある不安を、いきなり「大・中・小」に分類するのは難しいものです。そこで、下記の手順を参考にして、不安を分類していきます。大分類から小分類へ徐々にフォーカスしていくのがポイントです。

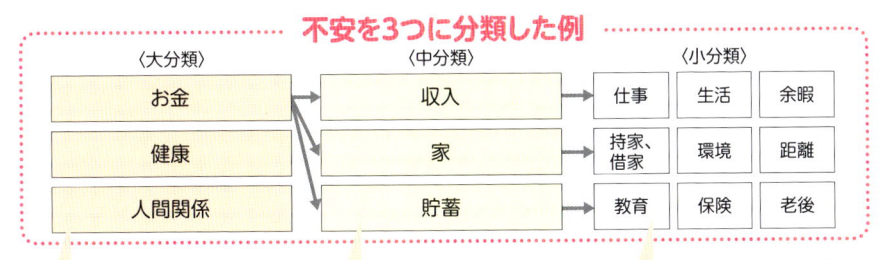

不安を3つに分類した例

〈大分類〉	〈中分類〉	〈小分類〉		
お金	収入	仕事	生活	余暇
健康	家	持家、借家	環境	距離
人間関係	貯蓄	教育	保険	老後

書き出しポイント
不安を、これ以上分けようがないところまで広い視野でとらえ、3つにジャンル分けする。そもそも何が不安なのかを考える。

書き出しポイント
大分類した不安の1つをさらに3分類する。特にどんなことに不安を感じているのかを明らかにする。他の2つも同様に。

書き出しポイント
中分類した不安をさらに3分類する。不安の内容をできるだけはっきりと具体的にとらえるようにする。

2 原因を突き止め、不要な不安はそぎ落とす

不安を3分類していくと、漠然《ばくぜん》としていた不安も同じ原因から派生しているのが多いことに気がつきます。原因が分かれば、それだけでも気持ちはスッキリします。

また、3分類していく過程でいずれにも該当《がいとう》しなかった不安は、今、むやみに抱え込む必要がないものともいえます。不要な不安はひとつずつ取り除いていきます。

断捨離的

不安を手放す考え方

　不安を手放していく過程は、モノを手放していく過程に通じるものがあります。問題の本質はどちらも、心のありようです。

「これがなくては生活ができない」「こうしなくちゃいけない」という執着が、ガラクタや不安を溜《た》め込むのです。

　ここでは執着を上手に手放し、不安を膨《ふく》らませない考え方についてご紹介します。

「あっても良し、なくても良し」と考える

　「あるといいけど、なくても困らないモノ」という問いに、「学校」と答えた母親がいました。聞くと、不登校の子どもに悩んでいたけれど、学歴などなくても生きていくことはできると気がついたのだと言いました。
　「あっても良し、なくても良し」と考えることができれば、気持ちに少しゆとりが生まれ、生きやすくなります。

目標を高く掲げすぎない

　「高い山に登りたい」という夢を持つのはいいけれど、いきなり登るのは無謀です。不安ばかりが募《つの》ります。
　登山は体を鍛《きた》え、道具を揃《そろ》えることから始めますが、ふだんの生活のなかでも、まずは無理せず小さな目標を設定することから。クリアする達成感を味わえば、不安は小さくなり、大きな目標に向けて着実に進むことができます。

「運が良くなりたい」と思わない

かつて私は「運を良くしたい」と一生懸命考えていました。今思えば、それは「自分は運が悪い」という思い込みの裏返しです。

空腹だと食べ物のことばかり考えてしまうのと同じで、「自分は運が悪い」という思い込みは不安ばかりを連れてきます。運への願望や期待ではなく、自分への確信と夢を持つことが大切です。

“ごきげん”に生きることを自分に許す

我慢や根性が美徳とされる日本だからこそ、悩みや不安に耐え忍ぶ人が多いのかもしれません。けれど不安を手放し、ごきげんに暮らすことは自分勝手ではありません。

断捨離で自分にふさわしいモノを選ぶように、不快なストレスを手放してごきげんに生きることを自分に許してあげてください。

加点法で考える

私たちはつい「ここがダメだ」と減点法で物事をとらえがちです。けれども視野を広げれば、とても恵まれた環境に生きていることが分かります。

断捨離の基本は「今、ここに生きていることへの感謝」の体現です。足りないことに目を向けるのではなく、自分ができることに焦点をあててみてください。

少々のことが起きても うろたえない自分になれる！

ストレスは目に見えないぶん、気づかないうちに頭のなかをグチャグチャにし、心を散らかしてしまいます。

しかし、心の断捨離で混沌《こんとん》とした不安を俯瞰し整理してみると、自分がどんなことに執着をしているのかが浮き彫りになります。持たなくてもいい不要なストレスまで抱えていた自分にも気がつくでしょう。

俯瞰力とは、モノ、コト、ヒト、すべての問題に通じる自在な力です。広い視野を持ち、物事をとらえることができれば、少々のことではうろたえない自分になっていきます。問題解決のための手段や選択の幅が、今より広がるからです。

うろたえないということは、ストレスに強いということです。

たとえ今、お金や健康に恵まれてストレスがなくても、必ず何らかの問題は発生します。そのことを事前に想像して不安になるよりも、ストレスを受け流せる自分でいるほうがずっと気楽で楽しいはずです。

ストレスはモノと同じで溜めないことが大切です。不安を感じたら、俯瞰力を発揮して早い段階で手放してみてください。

ムリしていませんか？

心地よいおつきあいのヒント

イラスト・文

吉《よし》沢《ざわ》深《み》雪《ゆき》（イラストレーター）

日々の暮らしは人と人とのつながり。楽しいおつきあいも多いですが、もしかして人間関係でストレスをためていませんか？　気楽に、ときには勇気を持って、ムリのないおつきあいをしていきましょう。

よしざわみゆき●ねこのキャラクターや水彩イラストが人気。暮らし、水彩画、入浴法などをテーマにイラスト＆エッセイを多数執筆。『【日めくり式】月のリズムで「掃除＆片づけ」』（PHP研究所）他多数。

人づきあいも取捨選択が大切です

主婦って案外たくさんの人とつながりがあります。ご近所関係、子どもを通じてのママ友、PTA活動を通じての知り合い。親戚《しんせき》関係、夫の友人関係、そして仕事をしている人は職場関係など、実にさまざまです。

　もともと仲のいい友人同士はいいけれど、そういう人ばかりではありません。ママ友やご近所など、自分だけでなく家族のためにおつきあいをしなくてはいけない相手の中には、本来ならつきあわないような苦手なタイプの人がいることも……。

　わたしも主婦なので、そういう場面には、たくさん遭遇《そうぐう》します。苦手とまではいかなくても、一緒にいると疲れる相手とは、適当に距離をおいたり、お誘いを断ったりすることも。つきあうたびにストレスがたまるおつきあいは、ときには断ることも大事だと思います。

　一回断ったからといって、もう二度と誘ってくれない人というのは、もともとそれだけの関係ということかもしれません。うまく断ればまた声をかけてくれるし、次回参加したかったら今度は自分から誘えばいい。

　ムリしがちなおつきあいを見直して、もっと気楽に人づきあいをしてみませんか？　おつきあいにも取捨選択ってあると思います。

おつきあいでストレスをためない
5つのヒント

　クセのある人にしつこくつきまとわれてしまったり、やたらいろいろな場面で誘われてしまったり……。

　そんなストレスのたまるおつきあいを、どうして自分はかかえてしまったのでしょう。よく考えてみてください。案外気づいていないだけで、自分のほうに原因があることも。

　ストレスと感じるおつきあいを振り返って、上手にかわしましょう。簡単なことだけど、おつきあいにもちょっとしたコツがあるものです。

1 だれにでもいい顔をしない

　頼まれたらいやと言えない、誘われたらかならずOKしてしまうなど、あなたはいつのまにか優等生になっていませんか？　まわりからは“都合のいい人”と思われているかもしれません。ときにはビシッと断りましょう。

2 距離の取り方を変えてみる

　同じグループの関係だからといって、全員と同じように接しなくてもいいのです。つきあいたい人とは親密に、そうでもない人とはそれなりに……。自分が楽だと思える距離の取り方をしてみませんか。

3 メールですませてしまう

会って話さなくてもすむことは、「ごめんね。ちょっと時間がないから」と、メールや電話ですませるのも一つの手です。ただし、長電話はよけい疲れてしまうもの。メール環境のある人はできるだけメールにすれば、用件だけですみます。

4 最後までつきあわなくてOK

たとえ誘われた会に参加しても、楽しくないときには、「今日はパパがはやく帰るから」とか、「宅配便がくることになっているから」など、理由を言って途中退席してもよいのでは。まじめに最後までいる必要はないのです。

5 自分もムリに人を誘わない

気づかないうちに、自分もだれかをムリに誘ったりしているかもしれません。「因果応報《いんがおうほう》」ということばがあるように、自分がしたことが自分自身に返ってくることも。誘い方を見直してみましょう。

ケース別 かしこい断り方

ムダなおつきあいを減らすために、断り上手になりましょう。

　さて、いよいよ実践編です。ストレスになりそうな誘いを受けたら、断ってみましょう。

　本当の気持ちを伝えてスパッと断るのがベストですが、「忙しいから」とあいまいな理由で断るほうが、いろいろ詮索《せんさく》されず相手が納得することも。「時間ができたらね」「ごめんね」など、やわらかいことばを選ぶことも大切です。

　よくあるケース別に断り方を紹介しますが、どのケースでも「絶対断るという強い姿勢を相手に見せる」ことが肝心です。

例1　ママ友からのお茶の誘いを断る

　ご近所関係が多いので、うかつな理由をあげると嘘《うそ》がばれてしまう場合があります。「忙しいから」「実家の用事があるから」など、相手にわかりにくい理由で断ったり、本当に予定を入れてしまうのも手。

例2　職場の飲み会の誘いを断る

「今月ピンチなので」「節約しなきゃいけないから」など、まずは本当のことを言ってみて。断れないなら、「忙しいから」とあいまいに。自分が断ることによって、「自分も！」と断る仲間が増えることも。

例3 遊びにきたいという親戚を断る

親戚だから断りづらいけれど、予定があわなかったり、家族の体調がよくなかったりするなら、その理由をはっきり伝えて断りましょう。また、子どもの習い事や学校行事など、子どもの理由だとカドがたちにくいですよ。

例4 メールやSNSを断る

最近増えているのがメールやSNSでのトラブル。いつでも気軽に連絡できるけど、しつこく送られてきたり、悪口ばかりだったらいやになります。すぐ返事をしない、短文で返す……などの対策で、距離をうまく取ってみて。

例5 ご近所さんからの誘いを断る

保険や健康食品などのセールス、選挙、宗教の勧誘……。悪い人ではないけれど、困りますよね。こういう人には理由を言えば言うほど、しつこく誘われるので、とにかくひたすら「興味がない」と、断るのがベスト。

メールで断るときは気をつけて!

断るとき、相手の顔を見ずに一方的に伝えられるメールはとても便利。でも、書き方によっては冷たい印象を与えたり、誤解をうむことも。ことば選びに注意をしましょう。 絵文字などでやさしい雰囲気にすると○。

「最近、体がだるくて、やる気が出ない」などと感じていませんか？　小さな疲れも溜《た》まると心身の大きなストレスに。こまめに解消して、元気な毎日を過ごしましょう。

ストレス解消はその日のうちに

「疲れが抜けない」からの脱出法

西《にし》多《だ》昌《まさ》規《き》（自治医科大学講師）

にしだまさき●東京医科歯科大学医学部卒業。医学博士。専門は睡眠医学。月300人の診療をこなしながら、臨床研究や講演活動などを行なう。著書に『「昨日の疲れ」が抜けなくなったら読む本』（大和書房）などがある。

こまめなストレスケアが現代を生き抜くカギ

最近、私のクリニックにも「疲れがとれない」「倦怠《けんたい》感が続く」という悩みを持つ女性が増えてきています。昔に比べれば家電が充実し、家事はラクになったと言われているのに、一体どうしたことでしょうか。

実は、時代とともに疲労の性質が変わってきており、昔の人の疲れは肉体的なものが中心だったのに対し、現代は精神的なものが要因となっています。その背景にあるのは不況や閉塞《へいそく》感、将来に対する不安、そして私たちを取り巻く環境の変化の速さ。さらに、人づきあいも複雑なため、精神的に疲れやすくなっているのです。こうした状況をみれば、病気の症状はなくとも、どことなく疲れるのは当然だと言えるでしょう。

また、子育て期の女性は、他の年代に比べて肉体的疲労が多いのも特徴です。家事や育児などに追われ、家族のスケジュールに合わせた生活を送っており、ゆっくりと体を休める間がありません。もし、疲れを感じないという人がいれば、頑張りすぎて疲れを感じなくなっていることも考えられます。

いずれにしろ、疲れは自然に消えてはくれません。放っておくとどんどん蓄積《ちくせき》されていきますから、深刻な状態になる前にこまめに疲れを解消することが大切です。

疲れは、痛み、発熱と並んで体の三大アラームと言われています。自分の疲れを軽視せず、毎日を心地よく過ごすためのストレスケアを身につけてください。

タイプ別 おすすめストレスケア

基本的には自分の好きなことでリフレッシュするのが一番ですが、なかでも効果があるのが「運動」「食」「人づきあい」の３つです。その時の気分や体調に合わせて選ぶとよいでしょう。

・Sports
・Communication
・Food

Type 1 運動でリフレッシュ

体を動かすことが好きな人、運動不足の人におすすめです。運動すると血液の巡りがよくなり、心身がスッキリ。前頭葉が活性化し、集中力もアップします。

こんなことがおすすめ！

- お風呂上がりにストレッチをする。
- 買い物や通勤の時に散策しながら遠回りする。
- 15分程度のウォーキングをする。

Type 2 食べて元気になる

美味《おい》しいものを食べると、お腹だけでなく心も満たされます。ただし、満腹になるまで食べないこと。腹八分目で留めておくと疲れにくい体質になります。

こんなことがおすすめ！

- ハーブティーなど香りのよいものをとる。
- 唐辛子や生姜といった体温を上げるもの、温かいものを食べる。
- 非日常空間でランチやお茶を楽しむ。

Type 3 人づきあいで気分転換

1人で考えていると堂々巡りしがちですが、人に話をして抑えている感情を放出すると、気持ちが整理され落ち着きます。内向的な人は相手選びを慎重に。

こんなことがおすすめ！

- おしゃれをして、気を使わないですむ人と会う。
- お互いに明るく愚痴を言い合う。
- 楽しいイベントに参加する。

イラスト：かわしまちかこ

心と体にパワーを充電する方法3

自分の疲れをしっかり把握し、早めの対処を。

1 疲れレベルを自覚する

　日々の忙しさに流されて、疲れを自覚できていない人がたくさんいます。特に仕事と家事の両立などで気が張っている人は、自分の疲れに鈍《にぶ》くなっています。適度な疲労感は、充分に体を動かしている証拠ですし、ぐっすり眠るためにプラスに働きますが、問題は、どの程度疲れているかです。

　疲れていても、休日に外に遊びに行けるぐらいなら大丈夫です。けれども、大切なスケジュールを忘れる、一晩寝ても疲れがとれない、一つの悩みにとらわれている、といったことが続くならイエローカード。食事が億劫《おっくう》だったり、お風呂《ふろ》に入ったり着替えるのが面倒で清潔が維持できないレベルはレッドカード、深刻な状態です。

　一度、自分の疲労度をきちんとチェックしましょう。

　そして疲れを感じたら、できるだけその日のうちに解消してください。そうすれば、〝疲れの探知機〟が正しく働くようになります。

疲れ度Check!

　下記の項目にチェックをつけて3つ以上ついたら、「危ない疲れ」の可能性があります。

- □日常の活動量が50%くらいに落ちている
- □食欲がない、食べても美味しいと感じない
- □寝つきが悪い、睡眠不足
- □気分の落ち込みが続く
- □自分をダメな人間と思ってしまう
- □物事に対して興味が湧かない、楽しめない

やる気スイッチの入れ方

何もしたくない時は、自分にあえて「不安」や「緊張」を与えるのが効果的です。

不安にさせる

●●● 少しだけ手をつける ●●●

→ 終わらないと落ち着かない

不安を抑える物質セロトニンが出て、「やってしまおう」という気になる。

緊張を与える

●●● することに締め切りをつくる ●●●

→ プレッシャーがかかる

ドーパミンの働きを間接的に助けるノルアドレナリンが増え、集中力と注意力がアップする。

2 脳を味方につける

「やらなくちゃ」と思っていても、脳が疲れていると思うように動けず、それがストレスになるという悪循環を生み出します。脳の疲労は意欲や集中力の低下、イライラを招くからです。

でも逆に言えば、脳の働きを高めることでスムーズに動けるようになります。そのために大切なのは、睡眠とバランスのよい食事。そして、脳のメカニズムをうまく利用することです。

物事を実行に移す時に必要な〝やる気〟に関係するのは、ドーパミンという脳内物質です。ドーパミンは作業のやり始めはあまり働かず、次第に活発化してくるという性質があります。

この特徴を活《い》かすためにおすすめなのが「ＴｏＤｏリスト」。リストがあれば何も考えずに作業に取り組め、一つずつやり遂げていく達成感が脳の中《ちゅう》枢《すう》を刺激してドーパミンを増やし、「また頑張ろう」という気持ちにさせます。脳を味方につければ、簡単にプラスの循環を作り出すことが可能なのです。

ただし、人にはどうしてもやりたくない時、やれない時があります。そんな場合は無理せず手を出さないことも、ムダに脳を疲れさせない秘《ひ》訣《けつ》です。

3 睡眠をしっかりとる

「もっとたくさん眠りたい」。それは、多くの主婦に共通する願いではないでしょうか？　平日は難しくても、せめて土日ぐらいはゆっくり眠れたらいいのですが、子どもがいる家庭だとそうもいきません。

そうした万年睡眠不足に加え、睡眠力も年齢とともに老化します。残念ながら、一度落ちた睡眠力の回復は難しいとされています。睡眠の老化は避けられないので、特に忙しい子育て期の女性は睡眠環境を整えて、よい睡眠をとることを心がけなくてはいけません。

寝つけない、深く眠れないなど睡眠の悩みは様々ですが、まずは眠りの質を悪くする生活スタイルになっていないかを振り返ってみましょう。寝る直前までテレビを見たり、パソコンを使ったりしていると、体は活動モードのままで入眠が悪くなります。

充分な睡眠は疲れをとるだけでなく、前頭葉の働きを活発にし、意欲の低下や不安を抑えることが分かっています。一日を効率よく過ごすためにも、睡眠環境を整えることは大切です。

眠りを変えてスッキリ

よい眠りは翌日に疲れを残しません。朝と夜の過ごし方に気をつけ、睡眠の質を高めましょう。

朝

- カーテンを少し開けておき、朝の光で起きる。
- 布団の中で手足をバタバタさせる。
- 熱いシャワーで交感神経を活性化させる。
- 携帯電話やパソコンの液晶画面を見る。

夜

- 寝る3時間前から徐々に照明を落とす。
- お風呂で体を温めておく。
- 寝る直前の食事、アルコールは控える。
- 値段や評価に左右されず、自分に合った寝具を選ぶ。

もっと楽しく、効率よくできる！

ムダなし 時短家事のコツ

本《ほん》多《だ》弘《ひろ》美《み》（家事・収納アドバイザー）

やってもやってもきりがない家事。日々、家事に追われていると感じている人も多いのではないでしょうか。

ほとんどの方は、「家事をラクにしたい、負担を減らしたい」と常々思っています。でもそうは言うものの、「時間がなくて」「方法を変えてもなかなか継続できないし」と何かしら理由をつけて、今の家事のやり方を続けている人がたくさんいるものです。

というのも、日々家事をこなしていくと、徐々に自分なりの方法ができてきます。時々「面倒だな」「不便かも」と感じることがあっても、今の家事の方法が自分の常識になってしまっているため、なかなか変えられないのです。

ほんだひろみ●主婦の視点と経験から、実生活に根ざした合理的な家事や収納のアイデアを幅広く提案。テレビ、雑誌、セミナーなどで活躍中。著書に『本多弘美のラクラク収納術』（辰巳出版）など。

あなたのムダ家事抱え度チェック！

気づかないうちに、必要のない家事を余計に抱えているかもしれません。下の質問で当てはまるものに○をつけてください。

1	アイロンは、必ず毎日かけている	
2	食品を使い切れずに処分してしまうことがある	
3	ストックがあるか、すぐにわからない	
4	掃除道具が掃除場所から離れた場所にある	
5	買い忘れや外出時の忘れものが多い	
6	家族から「あれはどこ?」と聞かれることがよくある	
7	捨てられないものがたくさんある	
8	家事が計画通りに進まないと、イライラする	
9	「やらなくちゃ」と思っている家事がいっぱいある	
10	家にいると、いつも家事をしているような気がする	

診断　「○」の数が多い人ほど、ムダな家事を抱えている可能性大。1〜8に「○」のついた人は家事のやり方を、9〜10に「○」のついた人は、家事に対する姿勢を見直してみましょう。

けれども、そうした何気なくしている家事の中には、少しやり方を変えれば驚くほど効率が上がるものもあります。一度じっくり自分の家事の方法を見直してみましょう。難しく考える必要はありません。もっといい方法があるかもしれないと、一つ一つの家事を検討していけばいいのです。

家事がスムーズにこなせれば、時間はもちろん気持ちにもゆとりが生まれ、ムダな出費も抑えられます。この機会に家事をもっとラクにして、忙しい毎日から抜け出しましょう。

今の家事を見直すヒント

少し立ち止まって考えると、家事のムリやムダが見えてきます。

問題に気づいたらメモしておく

「家事を見直しましょう」、そう言われても何から取りかかればいいのか、とまどってしまう人もいるかもしれません。まずは、自分が日頃家事をしていてストレスに感じていることを見つけましょう。

なかなか思いつかないなら、メモ用の紙を冷蔵庫など目立つところに貼《は》っておき、不便を感じたらすぐメモします。「鍋《なべ》が取り出しにくい」「ゴミ袋がすぐに出てこない」など、小さなことでも問題点が見えてきます。普段から何かストレスを感じることがあれば、その都度メモできるようにしておきましょう。時間のあるときにそのメモを見て、できることから解消していけば、ムダな家事を取り除くことができます。

ただ、家事は一度見直したらそれで終わりということではありません。子どもが成長したり、生活スタイルが変わることで、新しい家事の悩みは出てきます。忙しさにかまけてそうした悩みに目をつぶっていると、どんどんムダな家事を抱えることになります。少しずつでいいので、その時々に合った家事の方法に変えていきましょう。

好きな家事を中心に考える

家事にもいろいろありますが、すべての家事が好きだという人はあまりいないはず。

誰にでも、好きな家事と嫌いな家事

イラスト：ナカムラヒロユキ

があり、嫌いな家事はどうしても先延ばしにしてしまいがちです。そうなるとたいていの人は、「今日も嫌いなお風呂《ふろ》のカビ掃除ができなかった。早くやらなくちゃ……」と自分にプレッシャーをかけてしまいます。

でも、人は嫌いなことに対して、義務感だけではなかなか動けません。実行に移せないときは、あえて嫌いな家事に目をつむり、好きな家事を丁寧にしっかりこなしていきましょう。得意な家事を通して家がスッキリする喜びや達成感を味わうと、苦手な家事に対する抵抗感も少しずつ減ってきます。不思議と「やろうかな」という気持ちになってくるのです。

それに加えて、嫌いな家事ほど短時間で効率よく行なえる方法を身につけることも必要です。時間や手間がかかればかかるほど、どんどん苦手意識が高まってしまうからです。

好きな家事を中心にまわし、嫌いな家事は少し工夫してください。そうすれば、苦手な家事が減っていくでしょう。

自分に合った方法かは2週間で判断!

「この方法なら早くできるかも!」と方法を変えたけれど、2週間過ぎても慣れない、やりにくいというときには、元の方法に戻すか別の方法を検討しましょう。自分にその方法が合っているかどうか、判断する目安は2週間です。

家事の効率を上げる5つの方法

「できそう！」と思うことから、少しずつ始めてみましょう。

家事は短時間で終わらせたい。けれども、手抜きはしたくない、という声をよく耳にします。

みなさんの中には、時短＝手抜きと思っている方もいるかもしれません。でも、手抜き家事は「時間はかからないけれど効果も上がらない方法」で、時短家事は「時間をかけずに最大限の効果を上げる方法」なので大きく違います。ここで紹介するのは後者です。手抜きではなく時短家事のコツをつかんで、時間を有効に使っていきましょう。

1 同じ動作を繰り返す

どんな家事でも同じ動作をまとめてするほうが、効率は上がります。洗濯物をたたむときは、タオルばかりを先にたたみ、次は靴下……とアイテム別に進めてみてください。

何も考えずにサッサと手を動かせるので、時短になるだけでなく負担感も少なくなります。

2 手順を変えてみる

家事の中には、手順を少し変えるだけでスムーズに進むものがあります。

例えば、献立を決めずに買い物に行くときは、普段は野菜コーナーから見ていても、最初にメインとなる肉や魚の売り場から見るとラクに献立を考えられます。場合に応じて柔軟に行動を変えましょう。

③ パターン家事にする

洗顔やトイレなど、毎日の行動と家事をセットで行ないます。「朝洗顔するときに洗面ボウルも軽く洗う」「トイレに入ったら床をひと拭き」といった感じです。

こうしたパターンを作っておくと無理なく実行できる上、そのうち意識しなくてもできるようになります。

④ 道具を味方につける

家事は使う道具により、かかる時間や出来栄えが大きく左右されます。

洗濯乾燥機や食器洗い乾燥機など、高機能の家電を利用するのも家事の手間と時間を減らす有効な方法です。ただし、こうした家電を利用する場合、コストがかかることも頭に入れておいてください。

⑤ 先を読んで行動する

料理でも買い物でも、次にしなくてはいけない作業を思い浮かべてから行動に移します。

例えば食材を買いに行ったら、冷蔵庫へ入れるものとそうでないものに分けて袋詰めして持ち帰れば、帰宅後に収納するのがラクです。常に先々を見通すクセをつけましょう。

イライラとさようなら!

夫の心を上手に動かす話し方

伊《い》東《とう》 明《あきら》（心理学者）

いとうあきら●早稲田大学卒業後、慶應義塾大学大学院修了。現在、東京心理コンサルティングの代表を務める。男性・女性心理学ならびにビジネス心理学の専門家として活躍。著書に『男は３語であやつれる』（PHP 研究所）他多数。

「夫がちっとも協力してくれない」「男の人ってほんとにやっかい」「私ばかり苦労している」……こう思っている女性は本当に多いでしょうが、じつはこうしたケースの大半は、夫心のツボを知らないからというのが原因です。夫の性格が悪い（？）とか自分とは性格が合わないと嘆《なげ》く前に、試してみてほしいことがたくさんあります。

実際、円満夫婦の妻というのは、夫の扱い方が本当に上手です。天性でできる人も、努力してできるようになった人も両方いますが、「ツボをおさえている」という共通点は変わりません。

子育てに追われて毎日が大変だからこそ、ぜひ近道をしましょう。まずは、「夫という生き物には独特のツボや地雷があるのだ」としっかり認識することです。そして、難しく考えずに、自分のちょっとした行動や口にするフレーズを変えてみるのです。

私のセミナーではよく「男性の皆さん、奥さんからこういうふうに言われたら、正直喜んでやっちゃいますよね？」みたいなことを言うのですが、大半の男性が「うんうん、その通り！」とうなずいてくれます。効果は必ずありますから、ぜひ気軽に楽しんでやってみましょう。

夫心を傷つける
地雷ワード5

夫に向かって思わずポロリ。あなたも心当たりがありませんか？

1. **こんなこともできないの？**
2. **○○さんの旦那さんみたいになってよ**
3. **まったくあなたって人は**
4. **ほらほら、こうしなさい**
5. **そんなのダメよ**

解説

とにかく男の人というのは「プライドの生き物」だと覚えておいて下さい。上から目線で自分や自分の意見を否定されると、大いに怒ったり、落ち込んだりするのです。

夫心を操る スキルを身につけよう

夫心を上手に操るコツは、「目先の利益」よりも「長期的な利益」が手に入るよう目指すことです。

つまり、今この場の夫婦ゲンカで勝ったり、「言いたいことを言ってやった」と満足できても、夫の中で妻への恨《うら》みが積もったり、妻を喜ばせたいという気持ちが萎《な》えてしまっては元も子もありません。

言い方は悪いかもしれませんが、ビジネスと同じだと考えて下さい。多少コストはかかっても、最終的な利益がそれを上回ればよいと考えて、自分が結果的に得をするような発言・行動をするといいのです。

隠れた“願望”がわかる 夫心の本音はコレ！

妻にとってはイライラする夫の態度でも、そこには、夫の願望を表した本音が隠れています。

▶妻より上でいたいオレ

今どきは「女性蔑視《べつし》」みたいな人は本当に少なくなりましたが、心のどこかではやはり「妻より上の立場でいたい」という心理は残っているものです。妻の意見を否定しがちな裏によくある心理です。

▶甘えん坊なオレ

プライドが高い半面、幼児的な部分も多く残っており、妻につい「母親」を求めてしまいます。本人は無自覚ですが、母親のように妻にかまってほしい・世話を焼いてほしいという甘えが出ます。

▶無口なオレ

男性には「ストレスや悩み事があるときには、誰ともしゃべらず、内にこもりたい」という習性があります。こういうとき、誰かとしゃべってすっきりしたいという女性の習性とまったく逆です。

イラスト：かわしまちかこ

Skill 1

とにかくプライドをくすぐる

こんなフレーズが効果的！

「あなたのほうが上手だから」
「あなたにしかできないから」

夫を操りたければ、とにかくプライドをくすぐるのが基本中の基本。男性は子どもの頃から「人より優れた存在であれ」というメッセージを受け取って育ちますから、「あなたのほうが上だからぜひお願いしたい」みたいな言い方をされると弱いのです。「おだてる」とか「おべっかを使う」とは考えないで下さい。夫の得意なこと、夫の長所をきちんと認識した上で、しっかりそこを口に出すのです。「あの子はあなたと遊んでいると本当に楽しそうだから」「あなたが作るパスタは本当においしいから」といった理由を付けて、お願い事をしましょう。

Skill 2

喜びや幸せを表現する

こんなフレーズが効果的！

「こうしてくれるとうれしいな」
「こうしてくれてすごく幸せ」

男性には「ヒーロー願望」が強くあります。「自分の力で目の前の女性が幸せになった」という図式に強い満足感を覚えるのです。

そのため、ちょっとしたことをしてくれたときにも「すごくうれしい」「本当に助かっちゃった」などのフレーズを口にすると、「自分が何かをすると妻は喜んでくれる」という条件づけがなされるので、次も頑張ろう、もっと妻を喜ばせるためにこれをしようという気持ちになります。お願いをするときにも「こうして」ではなく、「こうしてくれるとうれしい」という言い方を心がけるだけで大きく違います。

Skill 3
ビジネスライクに交渉する

こんなフレーズが効果的！

「じゃ、その代わりこうして」

「メリットとデメリットはこう」

「女性というのはすぐに感情的になって厄介《やっかい》だ」というイメージを男性は正直なところ強く持っています。ですから、なにか話し合いをするときに、妻が怒ったり、泣いたり、責《せ》めたりしてくると、話の内容はあまり耳に入ってこなくなり、「あーあ、早く終わんないかな」という気持ちだけで終わってしまうことが多いのです。
　仕事での交渉と同じように、「私がお皿洗う代わりにあなたはお風呂《ふろ》掃除をお願い」「塾に通わせるメリットとデメリットはこうだよね」といったビジネスライクな言い方をしたほうが、男性は真剣に耳を傾けようとします。

Skill 4
ときには相手に丸投げをする

こんなフレーズが効果的！

「あなたに任せるわ」

「そう言うのならそうしましょう」

ちょっとした変則技です。男性というのは面白いもので、「私の言う通りにして」とか「こっちのほうがいいに決まってるわよ」みたいな言い方をされるとプライドが傷ついて反発しますが、逆に「じゃ、あなたにすべて任せるわ」「あなたがそう言うのならそうしましょう」などと言われると、逆にビビって妻の意見を求めたりするものです。
　たとえ意見を求めてこなくとも、「オレの意見を通してもらった」という満足感が強く残るので、違う場面では今度は妻の意見を通せるチャンスが増えるでしょう。特に夫が意固地《いこじ》になっているときには有効です。

〝パターン〟を変えれば、夫婦関係も変わる！

夫婦関係とは面白いもので、こちらがちょっと言い方や振舞いを変えることで、驚くほど相手の出方が変わることも多いものです。多くの夫婦は残念ながら、「いつもの悪いパターン」を繰り返しています。

たとえば、「ねえ、あなた、たまには夕食ぐらい作ってよ」「うるさいなあ、料理はおまえの役目だろ」「まったくあなたって人は、少しは私に協力しようという気持ちがないわけ!?」みたいなお決まりのパターンがあるものです（心理学では、こうした毎度の悪いパターンを「ゲーム」と呼んでいます）。

こうした悪いパターンを「良いパターン」に変えていきましょう。初めは照れや違和感もあるかもしれませんが、外国語と一緒で、だんだんと慣れていくものです。すぐに夫が１８０度変わった！という効果は出ないかもしれません。しかし、見えないところで効果は必ず蓄積《ちくせき》されます。何年、何十年という長いスパンで見れば、「夫心のツボ」を意識していたかどうかで、劇的な差が必ず出るのです。

今回のお話は心理学的な見地からも立証されていますし、私が日々遭遇するような実際の夫婦の「現場」からも間違いなく言えることです。少しでも実践していただくことで、ぜひ皆さんがより良い夫婦関係を手に入れられることを願ってやみません。

めぐろみよさんの

とっておき

くつろぎお茶時間

めぐろみよ（イラストレーター）

めぐろみよ●新潟県生まれ。テキスタイルデザイナーを経て、イラストレーターに。雑誌や広告で活躍。著書は『みつける・集める・つくる――ハンドメイドな暮らしの本』（集英社）等がある。

お茶の時間を大切にしていますか？

私は日頃から、お茶で一服する時間を楽しんでいます。私がいつも愛飲しているお茶は、たんぽぽコーヒーと三年番茶がほとんどです。

朝の起きがけ、ボーッとしているときによく飲むのは梅しょう番茶。昼の仕事の合間には、たんぽぽコーヒーでホッと一息つきながら一服。夜はマッタリとくつろげるものをその日の気分で……と、その時々に合わせて、いろんなお茶の時間を楽しんでいます。

私の定番のお茶

〈たんぽぽコーヒー〉
たんぽぽの
根をいって刻んだもの
〈三年番茶〉
3年以上生育した
お茶の茎を6割、
葉を4割で作った
ほうじ番茶
〈梅しょう番茶〉
湯のみに梅干し中1個、
しょうゆ大さじ1弱を入れて、
よく練り合わせ、しょうが汁少々を
加え、熱い番茶を注ぎ
かきまぜたもの
どれも体を
ポカポカ温めてくれる
飲み物ばかり♫

朝の目覚めの一服

梅しょう番茶で
1日がスタートします。

オハヨー！

仕事の合間の一服
たんぽぽコーヒーで
ちょっと一息☆

夜、部屋で
くつろぐ 一服
その日の気分で
いろいろ…。

お気に入りの myカップいろいろ

“自分おもてなし”で楽しさも倍増

「お茶を一服する時間を楽しむこと」って、お茶の味そのものがおいしいから……に越したことはないけれど、私は半分は、気分で味わうものじゃないかな、って思うのです。自分専用のカップを持っていますか？　それはお気に入りですか？

ムーミンのカップは
コーヒー用として
毎日大活躍！
CAFÉ
LONDONのCAFÉで買ったデカカップ。

自分で焼いた器は、
日本茶用
京都の古道具屋さんで
買った。
ロイヤルコペンハーゲンの
ティーカップ＆ソーサー
持ち手が長い
素焼きのカップ
これも私の手作り☆

私は普段から、カタチや気分から入る人間なので、お気に入りのポットやカップというだけで、お茶の味が何倍もおいしく思えちゃう。お茶の時間がグンと楽しくなっちゃう♪　よく手に馴染《なじ》んだ愛用のモノたちは、ほっこりした気分にしてくれるのです。

お気に入りのmyカップで飲むお茶は
味も格別！
心もポカポカしてくるのです。

愛用のお茶まわりグッズ

ティーコゼ

兵隊さんの
アップリケが
いかにも英国らしい！
LONDONのマーケットで買った
誰かのHand Made

しましま模様に
ポンポンがついて
帽子みたいです。
余り毛糸で編んだ
私のお手製。

ポット敷き

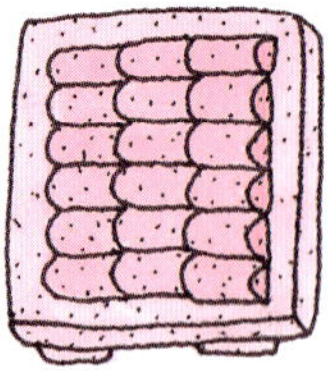

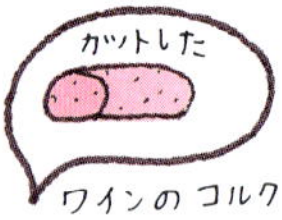
カットした
ワインのコルク栓を
板に貼り、白くペイント

ポット

ダークなPinkが
お気に入り
見た目以上に
ドッシリ重いのです。

ハギレを三つ編みにして
ぐるぐる巻いて円に縫ったもの。
ホントはなべ敷きだけど、ポット敷きにしています。

毎日を笑顔で暮らすヒント

感情を整理する方法

有《あり》川《かわ》真《ま》由《ゆ》美《み》（作家・写真家）

ありかわまゆみ●事務職、塾講師など多くの転職経験をもとに、女性のアドバイザーとして書籍や雑誌などで活躍。感情との向き合い方についてもくわしく、著書に『感情の整理ができる女は、うまくいく』（PHP研究所）などがある。

イライラしたり、落ち込んだり。ごちゃごちゃと心の中に溜まるマイナスの感情を上手に整理できると、毎日が過ごしやすくなります。

〝感情の整理〟とは、心のメンテナンスをして、健全な状態に保とうとすること。人生で身につけるべき、もっとも重要なスキルのひとつといっていいでしょう。なぜなら、私たちの生活には、想像を超える出来事が容赦なく襲いかかってくるからです。育児や将来の不安、煩《わずら》わしい人間関係、仕事のいざこざなど、ストレスになりがちな種もいっぱいです。

　このような現実に対して、怒りやイライラ、自己嫌悪、無気力などマイナスの感情のなすがままになっていると、自分の心や体がむしばまれるだけでなく、家族にもよくない影響を与えたり、物事がさらに悪い方向に進んだりします。

　ご機嫌に生活したい、毎日の暮らしを充実させたいと考えたとき、感情の整理は不可欠なのです。そのためには、マイナスの感情を放置せずに、ちょっとしたコツを身につけて、自分の意志で積極的に働きかけることが必要です。マイナスの感情を追い出して、笑顔で毎日を送る方法、試してみませんか？

前ページ写真：Syaka／PIXTA

Scene 1 なぜか無気力になってしまうとき

無気力とは、「なんとなく家事のやる気が出ない」「なにもする気になれない」など〝心の張り〟がなくなった状態のこと。モチベーションとなるものが見出《みいだ》せなかったり、マンネリ化したりして、ふにゃふにゃとした心になってしまっているのです。〝心の張り〟を取り戻すには、目的意識や目標を見つけるなど、心に訴える方法もありますが、手っ取り早いのは、とりあえず行動を起こして感情を〝その気〟にさせる方法。気分が変わるのを待つより、エイッとばかりに動いているうちに、感情は整理され新たな目的も見つかるもの。

「やらなきゃいけないんだけど、体が動かない」というときは、まずは、いちばん簡単なこと、やりたいことから手をつけてみるといいでしょう。心と体はつながっているので、ウォーミングアップをするうちに「もう少しやってみよう」と気分も変わり、いつの間にか夢中になっていることもあります。

やることが多すぎたり、大きすぎたりして、気持ちが萎《な》えている場合は、ハードルを低くするか、優先順位をつけて、「まずはこれだけ、やってみよう」と取り掛かるといいでしょう。

また、「あんなふうになりたいな」と思う人になりきって一日過ごしてみるのも有効な方法。尊敬できるママ友など、今の状況を脱する適任者を身近に見つけて、真《ま》似《ね》していると、いつもとちがう展開になり、不思議とモチベーションが高まってくるはずです。

イラスト：山崎正人

Scene 2

自分がイヤでしょうがないとき

あーあ。なんてダメな私……と落ち込み、自己嫌悪に陥ることは、だれだってあるでしょう。つまり、自分のことが受け入れられず、否定してしまう状態です。この裏には、「自分は～でありたい」という期待が隠れています。

まずは、完璧《かんぺき》でない自分も認めてあげること。そして「こんな私だけど、いいところもあるのよ」「今回はよくなかったけど、これからよくなるでしょう」とどこかで自分を信頼してあげることです。そのために役立つ「小さな三つの運動」をご紹介します。

▼小さな約束　信頼できる人は、小さな約束も守ってくれる人。自分に対しても、その信頼関係をつくりましょう。ちょっと頑張ったらできる程度の小さな目標や習慣をつくって、達成してみること。「やればできるじゃない!」という小さな自信を大切に。

▼小さな感謝　ちょっとした喜びに「ありがとう」をつぶやいたり、まわりの人のなにげない好意に感謝を伝えたりしていると、自分は多くのものをもっていることに気づくはず。

人をほめることも、自分を好きになれるうえ、相手からもほめられるようになる……と一石二鳥。

▼小さな親切　「情けは人のためならず」という言葉があるように、人のためになにかをして、喜んでもらえるのは、自分もうれしく、「えらいぞ、私」と誇らしい気持ちに。おまけに、その恩がいつかひょっこり返ってくることもあるので、儲《もう》けものです。

Scene 3

忙しくてイライラするとき

仕事や家事が多く重なっているとき、育児疲れで閉塞《へいそく》感を覚えるときなど、イライラが増したり、つい怒りっぽくなってしまったりすることがあるものです。イライラするのは、感情が「これ以上、カンベンして!」と訴えているとき。自分の許容範囲以上のことに、心が拒否反応を起こしているのです。

まずは「イライラしても一銭の得にもならない」とつぶやきつつ深呼吸。そしてマイナスの言葉でなくプラスの言葉を発するのです。

「忙しい」「タイヘン」「どうしよう」「疲れた」というつぶやきや、不平不満、愚痴悪口……といったマイナスの言葉は、思考にインプットされ、さらに焦ったり、イヤな気持ちになったりしていくもの。代わりに「大丈夫」「カンタン、カンタン」「家事って結構、楽しい」「子どもって最高におもしろい!」などと〝希望〟をつぶやいてみます。なんとなく落ち着いて、前向きな気分になってきます。

感情が言葉をつくると思われがちですが、逆も真なり。「言霊《ことだま》」といって、言葉には現実を導く不思議な力があるといわれるように、言葉に発することによって、感情は後からついてくるのです。感情を変えるのは難しくても、言葉を変えることなら、だれでもできるはず。

また、イライラは「もっと自分に構って!」というサインであることも。忙しいときほど、十五~三十分でも自分を喜ばせる時間をもつことが有効でしょう。

感情を整理するプチアクション

悲しみや怒りなどイヤな感情につかまったときは、抜け出すためのプチアクションを。気持ちを整理する第一歩になります。

泣いて笑って感情を出す

お笑い番組を観て思いっきり笑う、悲しい映画や小説で泣くなど、感情を解放してあげると、すっきりするもの。別なものに感情移入することで、今の状況に距離をおくこともできます。感情は我慢していると、いつか爆発する事態に。溜め込まないことが大切です。

前向きになれる相手と話す

人と話すことで、自分を客観的に見つめられ、気持ちも整理できてきます。「ま、いっか。また頑張るわ」と自分で結論を導き出せることも。単なる世間話でも、心が落ち着いてきます。ただし、話す相手は愚痴を言い合うのではなく、前向きになれる相手を選んで。

いらないモノを捨てる

モノを捨てることによって、不思議と気持ちがすっきり。「いま何が必要か？　不必要か？」が判断できるようになります。モノの整理と同じように、心も整理されてくるのです。イライラしたときは、「5分間でこの引き出しひとつ片づけよう」など小さなところから始めて。

近所に散歩に出かける

マイナスの感情を断ち切るために「場所」を変えるのも一案。簡単で効果が大きいのは15分ほど近所を散歩すること。季節の変化を感じたり、ひとりで考えたりすることで気持ちもラクに。今いる場所を動けないときは、体操やストレッチなどで体を大きく動かすのもおすすめです。

PHPくらしラク〜る♪とは

『ＰＨＰくらしラク〜る♪』は、月刊誌『ＰＨＰ』の増刊号として刊行している、主婦が何気ない毎日をラクに楽しく過ごせるように応援する生活情報誌です。料理、掃除、収納、お金管理、段取り術といった家事から、人間関係やストレスなどの心理問題、開運方法など、主婦なら誰もが関心のあるテーマを、その道の専門家の解説で紹介しています。忙しい主婦が見てすぐに真似できるように、イラストや写真、チェックテストを多用して、暮らしに関する最新のノウハウを分かりやすく満載しています。

装丁—— 村口敬太（STUDIO　DUNK）
表紙イラスト—— 青山京子

「イヤな気持ち」を今すぐ捨てる方法

2014年９月８日　第１版第１刷発行

編　　者　『PHPくらしラク〜る♪』編集部
発 行 者　小　林　成　彦
発 行 所　株式会社ＰＨＰ研究所
東京本部　〒102-8331　千代田区一番町21
エンターテインメント出版部　☎03-3239-6288（編集）
普及一部　☎03-3239-6233（販売）
京都本部　〒601-8411　京都市南区西九条北ノ内町11
PHP INTERFACE　http://www.php.co.jp/
組　　版　朝日メディアインターナショナル株式会社
印 刷 所
製 本 所　図書印刷株式会社

ISBN978-4-569-81452-0